全国小学生校园美文精品集萃丛书

七色阳光
小少年

给时间涂上一点色彩

《语文报》编写组 编

时代文艺出版社

图书在版编目（CIP）数据

给时间涂上一点色彩/《语文报》编写组编．—长春：时代文艺出版社，2018.8（2023.6重印）
（"七色阳光小少年"全国小学生校园美文精品集萃丛书）

ISBN 978-7-5387-5847-4

Ⅰ.①给… Ⅱ.①语… Ⅲ.①作文－小学－选集 Ⅳ.①H194.4

中国版本图书馆CIP数据核字（2018）第110012号

出 品 人　陈　琛
产品总监　郭力家
责任编辑　王　峰
装帧设计　孙　利
排版制作　隋淑凤

给时间涂上一点色彩

《语文报》编写组 编

出版发行 / 时代文艺出版社
地址 / 长春市福祉大路5788号　龙腾国际大厦A座15层　邮编 / 130118
总编办 / 0431-81629751　发行部 / 0431-81629758
官方微博 / weibo.com / tlapress
印刷 / 北京一鑫印务有限责任公司
开本 / 700mm×980mm　1 / 16　字数 / 153千字　印张 / 11
版次 / 2018年8月第1版　印次 / 2023年6月第5次印刷　定价 / 34.80元

图书如有印装错误　请寄回印厂调换

编 委 会

目 录

看那一株丁香盛满园

001

给时间涂上一点色彩

最美的太阳

草莓心田

阳光的味道

看那一株丁香盛满园

啊！老师，亲爱的老师，没有华丽辞藻的修饰可以赞美您，唯有星光绚烂可以衬托您的美，那明亮的太阳是您的眼，杨柳的枝条是您的发，那满山遍谷的花儿是您笑靥如花的雅！

夜深时，明亮的窗前依存灯光。

那株紫丁香正在灿烂，播撒梦幻与紫香……

你被写在心里

——观《开学第一课》有感

郑睿逸

你是晚星，在中华历史五千年的苍穹中，一颗相接另一颗，发着光，散落诗句无数行，连缀文明几千载。星空下片片白帆竞发。一个字一个字的故事，一个词一个词的精彩，一个句一个句地流传。从甲骨文到方块字，每一个中国人与你围坐在岁月的火炉旁，煨暖无知的心。

与你结缘，王宁老师把自己的一辈子时间都奉献给了关于你的研究。现场，王宁老师向我们展示的"正"和"直"两个字的演化和造字思路。行不离轨就是"正"，目不斜视就是"直"。"正直"的造字意图告诉我们要看清道路，奔向目标。在听王宁老师讲故事后，才发现，原来每一个你都是一种智慧的代表，每一个你都有自己源远流长的故事。从甲骨文到大小篆，从象形字到方块字，你在千年的风云变幻中薪火相传，从未间断。你美得像书页间飞舞的蝴蝶，因此，有多少人一程又一程，为你而来，把喜欢盛满光阴的杯盏。倘若中国人是一个地址，你就是中国人的定位系统。倘若你是一个不停转动的地球，中国人心跳的痕迹就是你的经纬度。你蕴藏着中国人独特的思维，承载着中华文明厚重的底蕴和价值。每个中国人都牢牢系在以你为轴心串联起的中国人共同的情感价值体系上，并由此延伸出种种文化审美。

如今啊，你不仅被写在中国人的心里，你还被写在每个爱你的人的心里。你不但是我们祖国的语言，还渐渐地走向了世界，越来越多的外国人开始研究你——汉字。来自美国的"汉字叔叔"——理查德·西尔斯。他从小就对你产生了兴趣，于是，他前往中国，探寻关于你的奥秘。他自制了一万五千个卡片，来帮助自己学习中文。慢慢地，他发现每一个你都有历史与故事，他决定自制一个关于你的网站，让更多人认识你。二〇一一年，他突发了心脏病，几乎失去生命。他觉得，自己的生命是有限的，不能再耽误制作网站了。为了制作网站，理查德投入了自己的全部资产与时间，用《说文解字》《六书通》《金文编》《甲骨文编》四本书，用八年时间，把你们一个一个都放进了自己的数据库。终于，网站完成了。一开始，看网站的人很少，后来，人们了解了理查德的事迹，纷纷转载网站，最后，每天有六十几万人观看他的网站。

"问渠那得清如许，为有源头活水来。"在世界一体化进程中，以你为源，深度挖掘中华文化，寻找其与亚洲乃至世界文化的契合点，让中华文化如同一汪清泉，源源不断，汇入世界文化的大洋里。"志合者，不以山海为远"。面对世界多极化深入发展，中国秉持"和"与"仁"，必将让中华文化在新的时空条件下产生新的凝聚力，构建多元平衡、互利共赢的世界。字以溯源，你被写在心里。

看那一株丁香盛满园

与诗同行

王 睿

中国诗词，短小精炼，文字优美，朗朗上口。唐诗，犹如一颗颗晶莹动人的水晶；宋词，仿佛一颗颗光芒璀璨的宝石。当你在夕阳的余晖中细细品读，闻着淡淡的书香，那文字便活了，化作一幅优美的山水景物，一幅田园风光，自然也有一幅金戈铁马"不破楼兰终不还"的男儿豪情图。

为了更好地了解中国诗词，我们班开展了以"与诗同行"为主题的活动。全班分为五个大组进行比拼。首先是诗词知识竞赛抢答，答对一题加一分，答错一题反扣一分。只见同学们跃跃欲试，迫不及待地想大展身手。结果由于我们组反应稍慢，只得了四分，与第一名相距甚远，我心里不免有些暗暗担心。

接下来就是我们最期待的诗歌表演了。每一组各选一个节目为代表。我们组准备充分，胸有成竹，志在必得。各组的表演可圈可点，其中，最有趣的是第三组同学带来的《小儿垂钓》。只见渔童（乐希饰）一蹦一跳地走上了讲台，高兴地说："今天真是个好日子！咦，那儿有条小河，我去那儿钓鱼吧。"瞧，有趣的动作配上活泼的开场白，勾勒出一个天真无邪的渔童形象，令人忍俊不禁。一条鱼儿（陈婉潞饰）在"水中"游来游去，见到可口的"诱饵"，犹豫着要不要上前"咬"一口。这时，一位路人（林怡歆饰）要去一位老先生家，上前向渔童问路，只见小渔童做出"嘘"的手势，示意路人安静，于是路人只好走开了。就在这时，小鱼终于耐不住诱惑，咬上诱饵，一下子被小渔童钓上来了。小渔童脸上露出了得意的笑容："哈哈，钓到鱼了！"半晌，她猛然一惊："刚才那位姐姐要找的人好像是我爷爷！"说着急忙跑过去："小姐姐，等一等——"这个出乎意料的结局让我们捧腹大笑，赢得了观众雷鸣般的掌声，也赢得了古诗表演的最高分。

我们组采用了幽默风趣的表演方式，看似轻松却包含了诗人对家乡的思念，以及诗人那复杂的五味情感，正所谓"复恐匆匆说不尽，行人临发又开封。"真是煞费苦心，但还是略输第三组一筹……

后来我们还开展诗歌朗诵、自己创作诗词的活动。最后结果出来了，我们组以纤毫之差位居第三，心有不甘！希望能再来一次活动一雪前耻！

中国诗词是中国传统文化的瑰宝，在时间的长河中没有暗淡沉没，反而愈久弥香！让我们吟一吟诗词，与诗词同行，大步迈向未来！

005

让读书与思考带你飞翔

程　卓

见过这样一幅漫画：画中的人双手捧着一本书，背上长着一对书的翅膀。他带着问号，在空中自由自在地飞翔。

读书和思考是让你得到知识的最好途径，两者缺一不可——少了思考，你便找不到方向；缺乏阅读，你便没了飞翔的翅膀。

孔夫子曾说过："学而不思则罔，思而不学则殆。"记得小时候，我一个人在家里看一本讲科学实验的书，里面有一篇叫《水果电池》的文章。我看了标题，觉得煞是神奇，小小的水果竟也能当电池使？这不会是作者的胡说吧？不过都印在书上了，怎么说也不像是假的。既然如此，我何不尝试一番？于是，我兴冲冲地跑到厨房，找了一个苹果、一个梨和一个橙——电池有不同型号的，水果电池当然也有。我拿起刀，小心翼翼地在三种水果上都切出一块电池状的果肉，喜滋滋地把它们取出，又拿来电视遥控器，换上了我制作的水果电池。我满怀期待地将遥控器对着电视按下了"开机"，谁知毫无反应。难道书中说得不对？再试几次，依然如旧。我气急败坏，决定再不相信书里的话了。一会儿，妈妈回来了。我把此事一五一十地讲给妈妈听，妈妈哭笑不得，只让我把那篇文章再看一遍，好好思考一下。我一看，原来，还要把一个铜片、一个锌片插入一个水果内，两片之间要近一点，但不能碰片，多个水果都这样插好，用电线把每个水果的正极（铜片）和负极（锌片）之间串联起来，开头的一个正极（铜片）接用电器电源正极，收尾的一个负极（锌片）用电线和用电器的负极连接起来，这样电流回路就形成了，其中就会有电流产生，打开用电器，就可以使用了。那一刻，我尴尬得恨不得找个地洞钻进去，如此囫囵吞枣，不假思索，怎么学到真知！

事实证明，读了书，却不去想是为什么，不去想具体要怎么做，终究是会适得其反。

光读书不思考，结果就会变成书的奴隶；光思考不读书，结果就是得不到真的知识。所以欧阳修说"立身以立学为先，立学以读书为本"，可见读书有多重要；英国作家波尔克说"读书而不思考，等于吃饭而不消化"，可见思考有多可贵！

那些在知识的殿堂中迷路的人，请让读书与思考并行吧。它们会让你飞翔，让你飞向成功。

与书为友

杨 洵

高尔基说过："书籍是人类进步的阶梯。"杜甫说过："读书破万卷，下笔如有神。"书是精神的宝库，文化的传承。与书为友，畅游书海。

007

与书为友，在书的海洋里，学习作者的手法之妙，体会作者的精神世界，汲取书中的精神财富，领略书中的不同角色的不同写法。

从古至今，数不胜数的古典，多如牛毛的名著，都值得我们细细品味。书中的情怀，书中的人物情感，无不体现出作者心中的情感和性格以及高超的手法。与书为友，穿越回古代，与古人共吟小语，与书为友，在精彩绝伦的书中，体会古人不同的胸怀，不同的追求……

遥望古今中外，有智者，有愚者，有大义之人，有奸贼小人；有朝廷忠臣，有乱世奸雄。泱泱中华，五千年文化历史悠久，尽藏书中。与书为友，探索历史，观看五千年的分久必合，合久必分之局势。看刘邦斩白蛇起义，到曹丕夺帝位，收孙权，斗刘备。看朱元璋白手起家，开辟大明朝，到李闯王李自成大破京城，长驱直入。五千年的历史和文化，尽在书中。五千年的历史，在书中重现。

看那一株丁香盛满园

与书为友，望英雄人物。抗金名将岳飞，统率岳家军，以少胜多，大败金兀术，使金人发出感叹：撼山易，撼岳家军难。可惜被十二道金牌召回，死于风波亭。梁山好汉，劫富济贫，抢山头，战朝廷，战斗数不胜数，却因宋江、吴用等主张降宋而丧命。忠、义、勇之化身——关云长千里走单骑，华容道义释曹操，却因一个"傲"字，丧命于吕蒙等人之手……众英雄豪杰，一身正气，龙胆虎威，威震山林。

书是人类的伙伴，是迈向成功之路的钥匙。人可一日不食肉，不可一日不读书。与书为友，与书同行，在成功之路前行。

竹子的独白

连森涛

在漆黑一片的地下，我醒了。周围什么也看不见，除了和我一样的小笋芽在蠢蠢欲动，为沉闷的地下增添一些生气。一些笋芽正用茫然的眼神望着四周。

这时，地面传来一阵阵震动，我旁边的笋芽耐不住性子，迫不及待地顶着地面。地面被钻出了个洞，他往上一钻，洞一下子变大，刚好容纳下他的身体。那只竹笋一上去，洞就被他填补了。

在地下的沉闷也让我沉不住气了，我依葫芦画瓢，用尖尖的头顶着地面，然后钻了上去。一阵柔和的风吹过，新鲜的空气迎面吹来，令我神清气爽。周围有许多高高的竹子，遮住了半边天。突然，天暗了下来，乌云笼罩，一群小水珠迫不及待地跳下来，落在我身上。清凉的雨珠滋润着我，我酣畅淋漓地喝着雨水。雨停了，我惊讶地发现，自己的身体比之前更高更大了，我满心欢悦。

下过雨之后，天空更加的湛蓝，一些游客也过来看我们。当他们看到我们这些小竹笋时，惊喜地道："快看，这里有春笋。"并拿出相机，向我们拍照。

慢慢地，我适应了这样的生活：春天，雨水滋润着我，我日夜不停地汲取着养分；夏天，太阳照在我身上，感觉暖暖的，我不知不觉地伸着懒腰，个子越蹿越高；秋天，我看着不远处的树叶变黄飘落，赶紧用力长叶子，越长越茂密，为即将到来的冬天做好御寒的准备；冬天，大竹子用身体为我们挡住冷风，我一刻都没有停止生长……我的身体一天天变高，渐渐地长成大竹子。

每天，看着天空中小鸟飞过，白云悠悠地飘，我的心情无比欢快。

自然界中，万物在不断地生长变化，有生命不断老去，但是也有新生命每天不断地在生长，在我的眼中，每天的生活都丰富多彩。

假如我是一枝竹

戴　昕

假如我是一枝平凡的竹。

春，笋芽在我的身旁，嗖嗖嗖探出了惹人怜爱的绿油油的尖脑袋，急不可耐地竭力向上，向上！它盼望着更广阔的世界。一场绵绵的春雨四处泼洒着催发剂，那笋芽儿更是兴高采烈，一节拔一节，蹿高了许多。风助我轻轻斜身，用苍翠的枝叶摩挲着它们结实的脊背。风过了，我重新挺直腰杆，傲然挺立。在春雨中，仿佛世间万物，唯我独尊。

夏，身边的伙伴"唰唰"摇响了茂密的枝叶，我明白，一场暴风雨即将来临。我们互相勾住彼此的枝叶，并一齐站稳了脚跟。果然，雨，由远而近、由慢而快地来了，凛冽的风夹杂着雨点冲我怒吼着。我和同伴们靠得更近了，枝叶紧紧互相牵引，使雨不能乘虚而入，不是因为什么，而是因为在我们的臂膀下，有心惊胆战的躲雨的小生命。我们顽强地昂着头，让雨点抽打我们的身躯吧！竹的枝干永远不会被压弯！雨将停了。我们渡过了这一关，我如释重负地收起酸痛的枝叶，望着那活跃的小生命蹦蹦跳跳地离开，笑了——我是一枝平凡而又善良的竹！

秋，我逐渐得到了许多文人墨客地赏识。"一节复一节，千枝攒万叶。我自不开花，免撩蜂与蝶。"我细细品味着，感到前所未有的兴奋：居然有人为我写诗？我只是一枝平凡的竹啊？静谧的生活，坚韧的品格，殊不知我在别人眼里的形象，只是过着竹的生活——每日昂首挺胸，绝不弯腰低头。

冬，我逐渐老了，叶子闪出了一抹冬日的昏黄，但仍挺拔。青翠容颜虽已不再，但在我的身旁，是一枝枝青翠欲滴的新竹。纯洁的雪堆积了厚厚的一层，像一张舒服柔软的沙发，可以随时靠下来歇息。但我断然拒绝。我虽只是一枝平凡的竹，但我绝不会在倒下之前弯下腰低下头！我是一枝清傲的竹。

假如我是一枝竹，我愿过着清逸的日子，昂着我的头，挺直我的背，做一棵最平凡的竹。

乡村风光

林张淇

　　在许多人眼里，我的家乡农村是一个肮脏、落后的原始社会。但在我眼中，乡村却有一种独特的美。

　　走在乡间窄窄的田埂上，就像踏在柔软的绿毯上，两旁稻田里绿油油的秧苗正贪婪地享受阳光的沐浴，吸取着大地的养分，长得郁郁葱葱。一闭眼，这些含苞待放的谷穗全都变成了金灿灿的稻谷，一阵微风吹来，心境顿时有种从未有过的飘逸。

　　来到田野，仿佛置身于绿的海洋。风掠过，就掀起阵阵波浪。

　　阳光抛下如钻石般的影子，点缀了"海洋"。绿色的光辉映衬着那些山，那些连绵起伏的山，俊秀挺拔，翠如碧玉的树林，成了山的装饰品，镶嵌在山上。我一边走一边回想那片绿色的田野。"叮咚，叮咚！"是谁在唱歌？原来是我旁边的小溪，它唱着欢快的歌，缓缓流向远方。那溪流中，还有各种各样的小鱼在嬉戏。有几只蜻蜓也爱凑热闹，在水面上飞行着。河旁的芦苇飘飘悠悠的，似乎把小河笼罩在一起。阳光下的小河显得格外清澈，一阵阵微风拂过，水面上泛起了层层涟漪，波光粼粼。

　　乡村便是童话的乐园。它褪去了城市的浮华，洗尽了尘世的繁杂。啊，我爱乡村的一切，因为他们有一种独特的美。

竹 "梦"

林正澍

　　一丝清风迎面而来，绕过鼻尖时，我嗅到了竹的味道。我贪婪地吸吮着这淡淡的清香，品味竹的幽雅，仿佛屹立在自己眼前的不是竹子，而是一位品德高尚的君子。

　　那，是一片毛竹林，亦是这座山的主宰者。那粗壮的枝干和绵延百里的根为它说明了一切。但谁又能体会到它们当初所经历的风雨和沧桑呢？

　　爷爷曾在这里撒下几粒毛竹种子，几星期后，虽然只蹿出一株毛竹苗，但爷爷还是异常欣喜。从此，他像呵护孩子一样呵护那棵毛竹苗。

　　一天，两天；一月，两月……令爷爷失望的是，当周围的蒿草、灌木丛苗长到一米多高时，毛竹苗还是一动不动。

　　一年，两年，三年，毛竹苗被爷爷遗忘了。但是到了第四年，一场春雨过后，毛竹苗拔地而起，每天以六十厘米的速度狂蹿。不知过了多久，又一场春雨过后，山沟里突然蹿出数株披着细毛的毛竹竹笋，这竹笋同样以每天六十厘米的速度狂蹿。一个月后，昔日的荒山沟变成了一片毛竹林。

　　爷爷惊诧之余，拿着铁铲挖了挖山沟的土地。他发现毛竹的地下根系已经遍及了整个山沟，辐射直径长达一公里。原来，在过去三年里，虽然在地表上看不到毛竹苗生长的迹象，但在土壤里，它的根系却在不断地壮大和蔓延。

我来到了当初存活下来的毛竹苗前，就是它笼罩了这座山，但谁又能想到它当初只是一棵瘦弱的竹苗呢？它只是有一颗不放弃的心，也正是这颗不放弃的心成了它寒风中取暖的火焰。

这是根有梦的竹子，只要梦想还在，它的人生之路就不会黯淡，只要梦想还在，它就还有远方。

毛竹不需要太多的养料。它与困难与挫折做伴，以此来磨炼自己，让自己成长。若没有这些困难和阻碍，它是活不成的。

我愿化作一棵毛竹，愿在困难和挫折的滋养之下，根系不断壮大和蔓延，最后成为一棵坚韧挺拔的毛竹。

毛竹，它的路很长很长，但它有梦想来照亮，它的梦想，是带它展翅高飞的翅膀，也是它的远方……

我的梦，竹的梦。

微笑，让世界温暖起来

——读《林良爷爷的三十封信》有感

林瑜涵

择一方静谧，携一缕清风，绿影摇碎了阳光，映照在树叶上。轻闭眼，那来自长者的慈爱关怀，似在耳畔回荡……

初见它时，跃入眼帘的竟不是那充满童趣的封面，而是那个笑容可掬、和蔼可亲的老人。而后一次次地赏阅，一次次的触动，我与老人似乎只隔着这本书的厚度，穿越着时空在促膝谈心，我们再无半点距离。我似乎变身成了彤彤，聆听着"爷爷"的教诲，铭记着，感受着。"微笑可以把陌生人变成朋友"，当这段文字映入眼帘时，我心头豁然明亮，那深藏于心的美好笑靥，又重新浮现在了眼前……

记得上小学时，我因为转学的缘故，身旁的同学都已是相识多年的好友，我却始终与他们格格不入，新的环境若有若无的将我排斥在外。这份压抑，使我渐渐沉默起来。一次放学后，我的公交卡突然不见了，找遍了教室，也不见踪迹。

我急得大哭起来，不知过了多久，一阵急促的脚步声突然闯进了空旷的教室，我微微抬头来看，原来是她——我的前桌，只见她一手扶着门框喘气，落日的余晖正好映在她布满汗珠的额前，眼底闪过一丝来不及褪去的担忧。"呼，幸亏你还没走，呐，这是你的公交卡吧？正好掉进我的书包里了，真对不起，我该早点发现它的，你一定着急坏了吧！"她歉意地对我微微一笑，我定在原地，当我们眼神交汇的那一瞬，我清晰地看到了其中的善意。

"我，我可以和你做朋友吗？"我从心底涌出这样一个声音。她愣了一下，对我绽放出了愈加灿烂的微笑，"嗯！"，时间就停在了那一秒，那一刻，我们都体会到了幸福的味道。微笑，就是那样神奇的力量。

于是，那敦厚的长者在书中的浅谈叮咛，恰如一缕早晨的曦光，再次照亮了我的心灵，在那贫瘠的土壤上开出了一朵娇艳的花朵，我学会了"用微笑报答别人的微笑"。

自入冬来，小区换上了密码锁，很多人进出大门便遇到了"麻烦"。有时是骑车的孩子，有时是购物的妇女，有时是晨练的老人，总是顾此失彼，腾不出手去按那烦琐的数字。见到这样的情况，小区里一个年轻的门卫每天起早摸黑，在大门口帮忙扶门，常常一扶就是两三个钟头，双手也冻得通红。可即便这样辛苦，每当人们遇到他时，他却始终以微笑待人。久而久之，每一次照面，两副"微笑"就成了最美的邂逅。

"微笑"是一个最简单的表情，可是我们似乎却忘记了它的存在，吝啬地不肯轻易流露出来。我们太容易抱怨，太容易苛责。阳光灿烂时，我们怨怅它的炎热；细雨绵绵时，我们责怪它的阴霾。而林良爷爷，你却一步步一句句地教导着我，读懂了你，就读懂了世界的善意。当我们对世界轻轻扬起嘴角，世界也会回报我们更多的微笑。

捧着你的书，捧着微笑的种子。微笑，会使世界温暖起来！

家有二宝欢乐多

杨翔羽

"哇——哇——哇——"卧室里又传出如惊雷一般的声音。这声音发出的频率不一定，每天多则六七次，少则一两次。这声音的源头出自哪儿它来自我妈刚生下的二胎宝宝——杨翰羽，他可是我家的重点保护对象。

别看弟弟他才两个月大，可在我看来，他每天都在享受着总统级的待遇：吃的是纯天然无任何添加剂的高级营养品——妈妈的乳汁；睡的是"人工摇篮"——妈妈温暖的怀抱。这还不算什么，他吃饱睡足后，还需要一项特殊服务——需要专人陪他说话、聊天。他呢，会不时发出咿咿呀呀的声音，完全沉浸在自己的世界中。妈妈说这叫自娱自乐。

虽然弟弟还不会说话，可却精着呢！他有自己特殊的"语言"，那便是——哭，只要超过十分钟没人理睬他，他便会发出刺耳的警报——雷鸣般的哭声，似乎在提醒我们："宝宝难受，宝宝想哭！"这时，忙得脱不开身的妈妈就会催我："还不快去逗弟弟。"这时，我便使出浑身解数：手舞足蹈、挤眉弄眼、学鸡鸭狗叫……十八般武艺轮番上阵，直到把他逗得眉开眼笑为止，可怜的我却累趴了。

在与弟弟相伴的日子中，我还发现他还是个"表情包达人"。一不小心头撞到了墙，委屈的泪水立刻撒满脸，这一刻楚楚动人的模样仿佛是在告诉我们宝宝心里有多难受。睡觉时，他的嘴角偶尔会泛起一丝笑意，似乎又在说："宝宝好开心！"。无聊时，他会舔一舔自己的小手手，感觉自己萌萌哒！偶尔一个响声传入耳朵，他便会"花容失色"，皱眉噘嘴，吓死宝宝了！

自从有了这个可爱的二宝，妈妈变得更加忙碌了，我也似乎一下子长大了许多。"二宝"带给我们更多的是欢乐与笑声。

"哇——哇——哇——！"不好，又开始"千里婴啼"了，我又要去哄他了……

豆香四溢的童年

方馨悦

童年是诗，童年是歌，童年是天边的梦，童年是云间的虹，童年是女孩子浅浅的忧伤，童年是男孩子坏坏的恶搞。

路过街边那家手工豆腐坊，贪婪地吮吸一口空气中的淡香，那么的熟悉，却好像少了几分什么味道。

记忆倒回儿时，一幕幕久违的画面从脑海中慢镜头播放。

天空澄澈，纤云不染，远山含黛，和风送暖。早晨的太阳温暖又柔和，普照大地，像慈爱的母亲抚摸可爱的孩子。小时候的我总爱睡到日上三竿，爷爷家开了家豆腐坊，每到睡醒，我总会顶着蒙眬的眼睛，循着让人心旷神怡的香味来到后厨找爷爷讨碗豆浆喝，而爷爷老是笑呵呵地打趣我是只馋嘴的小猫咪。

我总是捧着一碗豆浆狼吞虎咽地喝下去，一肚温暖。爷爷还会变戏法似的掏出一块小方糖，哄我做到旁边的小凳子上玩，而我总事调皮地跑到豆腐架边捣鼓。爷爷也不恼，耐心地把我的手放在架子上教我做豆腐。我呢，做事情三分钟热度，没一会儿就跑去玩了，爷爷慈祥地望着我，笑眯眯的。

我一天天长大，他却一天天衰老。到了上学的年纪，不得不离开小村庄，离开豆腐坊，离开爷爷。那天，他把自己磨好的豆浆灌满我

017

看那一株丁香盛满园

的杯子，淡淡的清香传入我的鼻腔，再蔓延我的整个心脏。他还提了几袋豆腐，爸妈说不需要，城里可以买，但他仍固执地认为自己家里做的纯正。

时间真是个奇妙的东西，它把脉络轻轻改写，试管中萃取出的青葱色泽，在漫长的消耗里腿成苍白与灰蒙。

我的童年在豆香中度过，那样的淡雅芬芳，正如我和爷爷的爷孙情萦绕在我心尖，久久未能散去。

春远了，朝花败了。

夏消了，蝉声疏了。

秋过了，梧桐落了。

冬至了，寒风起了。

年华逝了，香气淡了。

018

微 笑 节

傅辰皓

12月15日是我的生日，也是微笑节。在这一天，所有的人都要微笑，大家都要做快乐的传播者。

"宝贝，生日快乐！节日快乐！"早晨，妈妈叫醒了我，抱着我，一张红润的脸，两个小酒窝挂在嘴边，露出一排洁白的牙齿。妈妈用两只温暖的手抚摩着我的额头，对我微笑。看着妈妈亲切的笑容，我也情不自禁地跟着笑，那微笑也挂在了我的脸上。

上学路上，我向迎面走来的路人点头、微笑。他们也都翘起了嘴角，脸上露出了和煦的笑容。咦，前面走着的不就是我的好朋友陈正南吗？"陈……"糟了，我惊慌地捂住了嘴巴。前两天我和陈正南闹了些别扭，每天回家，没有朋友的陪伴，这路上少了不少欢声笑语。这两天，我很想跟他打招呼，但又怕他不理我，我自讨没趣。现在，他听到了我的叫声了，他回过头了！他会笑话我吗？我紧张地看着他。"还愣着干啥？快走啊！"陈正南看着我，淡淡地笑。对了，今天是微笑节！我高兴地追上了他，和他相视一笑，肩并肩地往前走。微笑节真好！我们有说有笑地来到了校门口，一个低年级的同学从我们身边跑过，一不小心撞上了前面一个高个子的同学。"谁啊，想找打吗？"高个子的同学转过头来，竖起了眉头。看着低年级同学害怕的样子，我赶紧跑上前去："同学，今天是微笑节，请你微笑。"高个子同学愣了一下，翘起了嘴角："没事没事，一起走吧！"我松了一口气，脸上又挂起了微笑。

微笑是冬日里的太阳，会让我们感觉温暖；微笑是一句没有语言的问候；微笑是对别人最好的宽容；微笑是世界上最美的表情。从别人的微笑中你是否感受过尊重、肯定、接纳、关怀、友善？不要吝惜你的微笑，人与人之间的隔膜，也许就只有一个微笑那么简单。12月15日微笑节，你微笑了吗？

我眼中的春天

何 璇

　　春，一个充满希望与美好的字眼。它，五彩斑斓，洋溢着盎然诗意，宛若一位漂亮的姑娘。

　　春天的早晨总会有这一层薄薄的雾，抬眼望去，就如同轻纱，洁白无瑕。雾包裹着清晨的太阳，使那橙黄的阳光变得柔和，照在脸上，甚是舒服。

　　原野中，随处可见春天的印记。放眼望去，处处都是绿意盎然，新生的生命正在茁壮成长，小草从土里冒出了头，睁开眼欣赏着这个美丽的世界好似在欣赏一副出自名师的佳画。树木又一次茂盛，叶子也回到了树木身旁陪伴它了。花儿们聚在一起自豪地炫耀着自身的美丽，非得让人们目不转睛地欣赏着它的美丽才满足。

　　春天里小动物们也都不安分起来了。小鸟扑腾着翅膀四处游荡，青蛙在水塘边的荷叶上跳跃着，不小心惊动了露珠，露珠便是从叶子上滑落下来，一眨眼就消失得无影无踪，只留下那一条滑落的痕迹，慢慢地又凝为一颗颗晶莹的小露珠。

　　春天它阴晴不定，就如小孩儿一般耍着小任性。它开心的时候四处放晴，艳阳高照；伤心的时候，淫雨霏霏，连月不开。这时，聆听雨水敲打着玻璃的声音却也是如同天籁之音，仿佛自己正听着这世上最动听的乐章。

春天，是一幅画，画中有着一切美好的事物。春天，是一首诗，诗中有着一切动人的意境。我喜欢这样的春天，你呢？

春雨绵绵两为难

苏恩泽

春雨淅淅沥沥，小草泛出新绿，小树增添嫩芽，桃花绽放笑脸。多少文人墨客吟诵她，赞赏她，可我却斗胆地说：爱你真不容易……

润物有华章

春雨，它又细又柔，不像夏雨那样来势汹汹，在投射下成千上万的"炸弹"之后，立马像逃犯一样匆匆逃离现场。特别是春雨时的山村更有一番别有风味的情趣。

清晨起床，那"沙沙——沙沙——"的雨声开启了天地之门。打开大门，一股清新的空气沁人肺腑，带来满身的愉悦。树木被雨水刷了一层油亮油亮的油漆；小草让雨水穿上了一件绿色的马甲；大地舒舒服服地洗了一个澡。一阵凉风吹过，树叶弹起了优美的晨曲；小草则抱着吉他来一场轰轰烈烈的"摇滚"，到处生机勃勃，让人陶醉。

说到春雨，也就会想起春雨那最忠实无华的朋友"惊蛰"。它最让我受益，我的小仓鼠在冬眠状态中已经待了很久了，"惊蛰"过后，小仓鼠活泼起来，终于可以陪我玩一玩了！

缘愁似个长

可春雨也使我深深地陷入了无尽的麻烦和愁苦之中。

上学路上，常遇到水坑！我在闪开水坑的瞬间，总是一脚踩进水坑中。霎时，欢腾的水花像聚会时进入狂欢阶段，直接跳上我的裤子开派对。有一次，我去打扫公共区时，由于失算，穿了一双运动鞋去。结果，成了"轻功水上漂"；水花顺着鞋子飞了出去，有一些露出了狰狞的笑容，钻进缝隙，在我的袜子上全面"登陆"。就在我大喊道："我来扫地啦！"，我又踩进了"一只怪兽的大嘴"。不少隐藏的小怪兽——水花，它们乘人之危，悄悄爬上我的鞋子，我的袜子成了"这艘航母"上的光杆司令，顽强地抵抗着它们的攻击。可是，"小怪兽"们凭着人多势众，还是攻破了最后的防线，在"航母"上全面登陆。不久，我的这艘"航母"——鞋就被水彻底淹没了。

春季"传染病"也不是一个省油的家伙。当春雨降临之后，它总是在偷偷寻找着机会，在我们人类的身体中定居下来。恶名昭著的HTN9病毒也在悄悄地捣乱，悄悄地进攻人们的身体，让感冒常光顾我们。

春雨绵绵两为难！

022

小草带给我的感悟

曾家盛

"离离原上草，一岁一枯荣。野火烧不尽，春风吹又生。"每当你吟起这首诗时，是否会感受到生命的力量。

一次我在门前的一块草地上玩，忽见有一群人拖着一堆臭烘烘的东西放在草地上，不知是谁扔了一把火，那堆东西立刻处在熊熊大火之中，看起来是在烧垃圾，渐渐地，火小了，那些人也散去了，我走近一看，那堆垃圾旁边的草都烧没了。放眼望去，一片光秃秃的，我想着：看来这地方要永远单调下去了。过了一年，春天到了，我准备去探望那片"不毛之地"，但我放眼往那地方看去，却是一片生机勃勃的景象，我跑去向大人汇报这离奇景象，他们笑着跟我说了说，还顺便让我吟诵白居易写的《赋得古原草送别》，我闭上眼睛，一边吟诵，一边感受生命的力量。

我还上网查过，小草发芽时，即使上面压着一块大石头，小草仍然可以从石缝间钻出来，但没有人称赞小草是大力士。小草为了生存，可以克服重重困难，何况我们人呢？小草可以生长在山间岩缝，贫瘠土地，只要有生命的地方，就会出现小草，闭上眼睛，感受生命的力量。小草带给我这样的启示：生命是经久不息的，生命是经历磨难的，只有经历磨难才能是真正顽强的生命。

看那一株丁香盛满园

郑　滟

　　雨，轻声叩吟在窗面上，那绿墨泛景的梧桐树下，你是否记得那年老师背着受伤的同学回家；铃，回荡在耳畔的声音，你是否忆起昔日那笑语满室的课？

　　或许早已淡忘罢……

　　每日早读时，班上总会有班主任在旁看着。她在琅琅的读书声中徘徊，一旦那读书声像是遇到一波浪水的阻碍，便会叫道："读大声点！声音读出来！……"当那读书声止在浪水前停滞不前，老师总会感到无比的无奈。

　　老师会一直这样吗？当你的学生生涯同你的青春像昙花般在你不经意时就一现了。而当你回首想尽力挽回时，却发现，老师的教诲一直在你脑海中放映，成了你一生取之不尽的荣耀。而那时，你会觉得曾经的一切是多么的美妙！

　　人人都说，老师是园中勤劳的园丁，而我们则是他们手中珍贵的盆栽。不管那泥土渗透过他们的指甲，不管那花刺染红了他们的双手，不管那汗水淌过他们的发梢，风撩乱他们隐着的银发，不是月亮轻微的点染，没有丝毫清爽拂过他们，他们依然呵护着我们：春天，让我们迎风享受；夏天，让我们遮阳乘风；秋天，让我们漫摘瓜果；

冬天，让我们欢在豪唱。

师之教恩，永铭在心；师之谅恩，涌入心田。师之恩情，怎许忘怀?

我是浮云，而您是可让我自由飘荡的蓝天；我是油画，而您是渲染我美丽的颜料；我是音乐，而您是赋予我动听的旋律。您的教诲，不能用"谢谢"二字来衡量；您在窗前不舍昼夜批改作业，红丝染尽您的眼眸，灰影披上你的眼眶，酸累弥漫在您身旁。啊！老师，亲爱的老师，没有华丽辞藻的修饰可以赞美您，唯有星光绚烂可以衬托您的美，那明亮的太阳是您的眼，杨柳的枝条是您的发，那满山遍谷的花儿是您笑靥如花的雅!

夜深时，明亮的窗前依存灯光。

那株紫丁香正在灿烂，播撒梦幻与紫香……

瞧呐！看那一株丁香盛满园!

025

夏花伴着我

郑　烨

盛夏的午后，天空下起了小雨，细密的雨丝小心翼翼地经过那一处地方，怕湿了它的衣袂。

走在仿佛无尽的小路上，身上披着辛酸与疲惫。男孩儿们骑着那炫动的自行车，女孩儿们旋转着她们的迷人的裙摆，而我呢？闪电交织在我的天空，任雨水打落在脸颊，冲刷那张疲惫中夹杂着无奈而又苦涩的笑脸。身后书包里的试卷，述说着我这失败的一切。

走到拐角，一处鲜艳的火红闪现在我眼中，炽烧着我的脸庞，刺疼了我的瞳孔。我看到几朵火红的花，这似无生机的大地上，那一簇火焰般的花朵不羁绽放，像那流动的烈焰，炙烤我那冰冷的脸庞，身后的沉重也莫名的消失了，包括那人见人恨的卷子。

"火树"一词悄无声息地弹入我的脑海，避过太多华丽的辞藻，以一种新鲜而有生机般的状态生长。她摇曳着，燃烧着，自由，充实地生活着。她向上，她向光，无视世间一切污秽，不在乎哪次长歪过，只是默默生长，默默照亮一方光明。我抚摸着"火树"多么柔软，轻盈，如同伸向火焰般，触碰着每一丝炙热，感受着每一秒丝滑，激弹着每一根神经，在这漫长的夏季，有它的陪伴，抑或是恒久的未来，我都会火焰般的支撑，热血向上。

回望那满是红叉叉的卷子，我先前的那些惧怕，苦涩已渐渐消失，抚摸着卷子，此刻我的心中，已不是无奈和辛酸，而是决心要颠覆的热血。我明白，一次的失败不可怕，哪怕没人会支持你，你也一定要努力，要向上，要拼搏，才可以于那最美的季节里盛开出最美的你。

一路上，有你陪伴，有你支撑，我不再畏惧。你激励我向更高更远的山攀登，向更深更广的海洋中遨游。

我生，我绚烂。自夏花伴着我。

赏　荷

李　煊

　　我喜欢花，最喜欢的便是荷花。去年暑假，爸爸妈妈带我去龙岩"古田会议遗址"，我观赏了那里迷人的荷花。

　　远远就闻到了一股清香，满眼碧绿扑入眼帘。随着香味儿越来越浓，我已经不知不觉地来到池塘边。池中的荷花真是千姿百态：有的还是花骨朵，看起来饱胀得马上就要裂开似的；有的才展开两三瓣花瓣；有的全都开了，那粉红的颜色，像朝霞，像小姑娘脸上含羞的红晕……

　　池里亭亭玉立的荷花美不胜收，荷叶也不敢落后，吐出片片新绿，一片片，一层层，挨挨挤挤，好像给小池穿了一件碧绿的衣裳。荷叶不仅茂盛，而且姿态万千，有的像圆盘，有的像小蝶，有的还破了一个小洞，撕下来，摸一摸，真有点像毛毛虫身上的刺儿。还有的像一把碧绿的小伞，为浮在水面上的荷花遮风挡雨；有的荷叶托住上面的荷叶，有的荷叶"拉起"下面的荷叶，仰起了脸……这时，一阵微风吹来，荷叶和荷花摇摇摆摆，好像在翩翩起舞呢！

　　最有趣的要数荷叶上滚动的水珠啦！一颗颗晶莹剔透，在阳光的照射下，好像生命在颤动。

　　这时，有几只翠鸟从荷叶上飞过，留下两声清脆的叫声；有的翠鸟停留在池塘边的柳树枝上，卖弄着婉转的歌喉；还有翠鸟在荷叶和荷花之间捉虫，享受丰盛的美餐……

我已经陶醉在这仙境迷人的景色里了……

花　香

黄心怡

那朵花给我上了人生中重要的一课。

——题记

母亲很爱养花，家中的阳台也常年处处溢着花香。在我记忆里有很多芬芳漂亮的花朵，但都不如那朵花印象深刻。

那朵花从发芽起就开始不太讨人喜，茎秆细弱，叶片短小，别的枝芽已经茁壮成长的时候它仍然像个小矮子。母亲便多施了点肥给它，不料那朵花居然一夜间蹿高了一大截，甚至超过了一些发育较好的花。

而当一段时间过后，也许是到了花季，它同几朵花一起结出了花苞，这时各方的花苞都迫不及待地纷纷泄出香气想要开放，而那朵花的花苞却平静如水，怎么嗅闻也察觉不到它的存在。直到后来同花季的花儿都开放了的时候，它依然毫无变动，连花苞都没长大的意思。

母亲和我都认为那朵花估计会夭折了，便不再去打理它，想让它自生自灭。

等到周围的花都凋谢的时候，冬日悄悄来临，令我们惊讶的是，它依然青绿，唯一结出的花苞被保护地服服帖帖。

后来我忘记了是哪个早晨，那朵花终于悄悄地开放了。它的花香随风散发到每个细微的角落，不浓郁又不平淡，仿佛能恰到好处地抚平人眉间每一寸愁纹与哀伤，花盘娇小却始终挺立向上，五片花瓣紧簇深黄的花蕊，金色的阳光在洁白的花瓣上流淌，像有形的水滴挂在那之上。它生根的土壤已经贫瘠，但此时此刻，它仰着脸朝着阳光，正蓬勃欢悦地绽放着。

我忘记了那时的我有多惊讶。

那朵花的花期是我见过的最长久的，它枯萎之后我去翻松那盆花的泥土时，目瞪口呆地发现土地的每一寸都被它的根所占据，几乎不留缝隙。

那朵花给我上了重要的一课：人生就像是一次开花，能开放的方法有很多种，但能好好开放的方法却只有一个，那便是钻研。哪怕你遇到的是多么恶劣的环境，学会钻研，就能绽放最美好的花香。

最美是梅

郑　烨

一阵狂风吹落满树的叶子，旋飞的黄叶如页页日历，告示人们寒冬的来临。

去年冬天，伴随着寒风，我来到了首都北京。在这里，我第一次看见了雪，也第一次看见寒雪中我所心仪的风景。

一到酒店，我就嚷嚷母亲带我去看雪，那时候，满脑子都是飞舞的雪花，能细细观赏它们，感受它们的轻柔，可是多么有趣啊！来到雪地，脚下被厚厚的雪盖着，头上、身上、手上布满雪，晶莹的雪花点缀着身上的棉衣，犹如一只只小精灵，带给我满怀的喜悦。不经意，眼角的余光瞥见了一株雪地上的梅花，即便在这寒风刺骨的土地上，也依旧谈笑自若。它那娇艳的花瓣，不屈风雪之袭，绽放于红尘；那羸弱的根须，虽盖上了一层银白色的"棉衣"，却依稀感到体内充盈着热血。走近了，一股暗香掺杂着几许冷风窜进鼻腔，在鼻尖绽放；伸出手抚摸，花瓣仍旧那么滑顺，那么轻润，那么细腻。想不到，在这样冰冷的地方，还有那样一处残存的艳景，一种外貌之美征服了我，在这不毛之地，它那残存的美已然成为我心中最耀眼，最美的风景！

基于此，雪梅的毅力也是惊人的。在经过冬的洗礼后，它的生命在不断地磨砺中靠近坚强，在不息的追求中日趋完美。倔强地站着，独特地活着，这是一种最具价值的展示方式。以松为朋，以竹为友，笑着世间的浮花浪蕊，以一种傲然独立的姿态，迎战风雪，披荆斩棘；在最无声的时刻，在最痛苦的时刻，在最寒冷的时刻，挺起头，昂然地面对。此时此刻，"坚强"一词，已在我心中有了定义，一种精神上的美征服了我。

台湾诗人痖弦说过："海，蓝给它自己看，以沉默把自己的心胸升华。"离开北京，那株梅花却在我脑海中挥之不去。我明白，那株花不仅给了我外形上的欣赏，还给了我灵魂上的觉悟。毕竟一个崭新的春正在诞生，一个靓丽的自我正在努力开拓属于自己的绿洲，独特地走过自己做花的一生。

梅，我心因你醉，当日后的时光，别人问我什么是最美的？我会笑而不答，因为我知道：最美是你。

给时间涂上一点色彩

时光无声，轻轻地，悄悄地它就不见了。而在这些时间里，你又做了多少？时光虽无色彩，但我们可以为它涂上一抹色彩。

给时光涂上一抹色彩，让它不再无味。在生活中，我们经常让时间无味，因为我们总是做一些平淡的事，我想，不必做多么伟大的事，适当地增加一些乐趣，你会发现，真的很快乐。

秋　之　韵

吴凌锋

荷花谢了，熄灭了夏季；菊花开了，点燃了秋天。秋天使正踏着欢乐的脚步向人们走来。

有人说，秋天是丰满的。当你漫步在果园里，你就会发现，果园里的果子可多着呢！有金黄的橘子，雪白雪白的梨，红得几乎发紫的苹果……远远看去，着实十分诱人，看上一眼保准会让你口水直流。

也有人说，秋天是凄凉的。当你漫游在秋雨后的花园里，你就能感受到，雨后的花园里静极了，只有树叶上露珠滴落的声音，"滴、滴、滴……""满地黄花堆积，憔悴损"，一片凄凉。

还有人说，秋天是充满希冀的。当你走在田野里时，你就会明白，那田野里重新萌芽的种子，微微露出，一小簇嫩芽，在风中摇曳，与田边的麦秆爷爷打了个招呼。

我说，秋天是令人陶醉其中的。在秋天的花园中，绝对少不了菊花的身影。它的颜色可真多啊！有太阳般的黄，有暗淡的土黄，有纯洁无瑕的白，也有鲜艳的红……姿态也是多样的：有的昂首怒放，努力展现自己美好的一面；有的含苞待放，仿佛在等待某一时机喷薄而出；有的亭亭玉立，好似窈窕淑女；有的虽然是花骨朵儿，但却预示着它的未来……在花园中，更少不了枫树的身影。风儿吹过，抚摸它

们，吹下了片片枫叶，我看见枫叶漫天飞舞，如雪般飘飘洒洒，如梦如幻，它们迟疑着，似乎在垂怜那一抹残枝，不时让人想起龚自珍的名句："落红不是无情物，化作春泥更护花。"

秋，我歌颂你的韵味，赞扬你的美丽，可否，为我侧耳听？

我爱秋季

史习以

"枯藤老树昏鸦，小桥流水人家，古道西风瘦马。夕阳西下，断肠人在天涯。"马致远的这首《天净沙·秋思》引得多少人为之而泣，秋天被许多文人认为是一个萧瑟凄凉的季节。秋天真的那么让人感到孤寂落寞吗？不，只是我们缺少发现秋之美的眼睛。

秋天有落叶之美。一阵阵瑟瑟的风吹来，吹走了盛夏的炎热，吹落了一树红叶。走在山路上，密密落下的枯叶铺出了一条金黄色的路，漫步其中，全身心仿佛与大自然融为一体，十分惬意。阳光透过树枝，在地上投射出了斑斑点点的痕迹，为这条金色的路又平添了几分斑驳美。随手拾起一片枯叶，叶子已经枯黄，并有些卷缩，不久后它们将作为养料融于大地。我想起了龚自珍的名句。"落红不是无情物，化作春泥更护花。"秋的力量是多么伟大啊！她让黄叶落下，并在最后一刻奉献出自己的最后的一分力量，哺育后代，这就是秋天特有的奉献。

秋有归去之美。抬头望向天空，一排大雁飞过，它们以"人"

字形飞着，整整齐齐地排列着，经过一年的奔波该回家了。人亦是如此，一年未见亲人，此时回家自然是喜悦万分，但也有人惆怅。"独在异乡为异客，每逢佳节倍思亲。"秋是个使人思乡的季节，若这时能回家看看，定能让人在这略显寒意的秋天里也倍感温暖。

秋有丰收之美。花儿到了秋天开始凋零，失去了往日的风采，但是农田却是另一番景象。一尺多高的谷穗压弯了腰，红色的高粱扬起了张张笑脸，颗粒饱满的玉米，像小棒槌似的，挂满了枝条。从远处望去，农田就像给大地铺上了一层金黄色的地毯，风轻轻吹拂，泛起了阵阵波纹。农民伯伯个个喜气洋洋，脸上洋溢的笑容让秋天都沉浸在丰收的喜悦里，好一派丰收之美。

我爱这值得珍藏的秋天，她象征着成熟和丰收，也意味着欢乐和幸福。她不是我们想象的那么萧瑟，她也很美。秋天要到了，让我们用心感受秋天之美吧！

034

我爱恋的秋雨

杨昕恬

一场秋雨一场凉，炎热的夏天经过一场雨的洗淋，显得更青，也更翠绿了。

夏末秋初，太阳舍不得炎夏，火辣辣的挂在天上，很毒，也很美。微风拨动着树叶，枝干在风中摆动，仿佛在跳夏天的圆舞曲。湛蓝的天空在一眨眼之间，被乌云压的严严实实，不留一点儿空隙。云越压越低，恨不得把天和地连在一起。

忽然，一阵凛冽的风擦过，豆大的雨点就落了下来。街道上，人们都急匆匆地赶回家，湖边，雨点落在水面上，泛起一层层波纹。风越来越大，雨越来越大。

我趴在窗台边，望着雨珠顺着窗玻璃滑来。风带着雨，斜斜地洒在地上，溅起一朵朵水花。啊！这就是使人静谧、使人动情的秋雨啊！

树林里，雨落在树叶上。树叶被撑得往下垂，雨像坐滑梯一样调皮地滑下去。树叶油亮油亮的，没有一丝秋天的枯黄，也能闻到湿润的空气中花和叶的气息。

到了晚间，雨下大了，水银柱降下来。电闪雷鸣，闪电一道接一道，恨不得把天空劈成两半。天空变成白茫茫的一片，朦朦胧胧地给天地增添了一分神秘感。顿时，你会产生一脉悠远的情思。真的，只有这一场雨，才完全驱走了炎热，才使世界改变容貌。

雨渐渐停了，太阳出来了，传来一声声鸟叫声，就连平时寂静的街道也热闹起来了。树叶上的露珠被阳光反射，牵动着阳光的彩棱镜，整个大地是美丽的，呼吸变得畅快，在诱惑着鼻子和嘴唇，你会感到天空更邈远，大地更开阔。

啊！秋雨！你给我们的生命带来活跃，你给我的感情带来滋润，你给我的思想带来流动。你是使人爱恋的雨啊！

我爱秋季

吴佳韵

凉爽的秋风拂过，拂去了夏日的燥热，把天上的白云扯得薄薄的，隙间透出一抹碧蓝，一行大雁从中飞过，有节奏地变换着队形。金橘似的太阳撒下金色的温暖的光。风凉凉的，云悠悠的，天空澄碧而高远。熬过了炎炎夏日，我最爱的秋，悄悄地来了。

丰收是秋的代名词。广阔的原野里是一派喜气洋洋的丰收气象。啊，那一块块齐整的麦田里，正翻涌着金色的波浪，一层又一层，由远而近，在"沙沙"地涌动着，有如溶金；又是那样有层次的金，仿佛凡·高笔下永不褪色的麦地，不同的只是那澄碧的天，被这金波衬得更加悠远。这金色仿佛没有尽头地涌动着，延伸着，一直涌向远处田野与小镇的交界，小小的房屋似乎是漂在这海洋上。空气中若有若无的麦香仿佛也泛着浅浅的金黄。在这金色的光辉与淡香中，我仿佛置身于一个辉煌的梦境，耳边的飒飒风声是秋之赞歌。

静夜，明月高挂天空，洒下银辉如水。中秋佳节，这秋月似乎也遂人意，盈盈有如冰轮，时而露出整个，时而被轻云掩了半边，似一个羞答答的少女，悄悄窥视人间。中秋之夜的月色是那样柔，那样美，像是苏东坡文中的"如积水空明"，又似李太白眼中的"地上霜"。此秋夜中，万家团圆，这轮团圆之月寄托着"但愿人长久，千里共婵娟"的美好愿望。辛弃疾《听月歌》中云："偶然一阵香风起，吹落婵娥笑语声。"月上，想必就是这样一番图景吧！秋，是团圆之秋，是欢乐之秋。

"清风明月本无价，近水遥山皆有情。"这句诗几乎是秋季美的总和。秋天的山水，像是意境开阔的《长空秋水图》，又像是笔触清新的《富春山居图》；可以是淡淡几笔写意，亦可为浓浓几处泼墨。古今无数文人墨客，都为秋山所倾倒。秋，真是魅力无穷！

秋季，没有春色里迷蒙的杨柳烟，没有夏日里的炎炎热浪，也没有冬日白雪红梅，琉璃世界。但我爱这秋季，爱这丰收的、欢乐的、诗意的秋季。

姿态万千的雨

林逸昕

雨的姿态千变万化，有淅淅沥沥的雨，也有绵绵如丝的雨。但无论怎样的雨，我都喜欢。

"好雨知时节，当春乃发生。随风潜入夜，润物细无声。"春天的雨柔柔的，常在夜晚静悄悄地滋润着万物。花草树木们开始睁开惺忪的睡眼，刹那间，万物复苏；树木开始健壮起来，各种各样的花儿竞相开放，你不让我，我不让你。野草、野花也渐渐覆盖了整个大地，引来了成千上万的蜜蜂和蝴蝶。是啊！没有这一场春雨的灌溉，哪有现在美丽的世界？

而夏天的雨更是另外一番风情了。重感情的夏雨总是那么激情热烈，当人们在外饱受烈阳的虐待，正热得汗流浃背的时候，一场激情四溢的夏雨，使得人们立刻绽放了笑容。如果你遇见夏雨的话，不妨来感受一下这"天然的空调"。

当田野染上一层金黄，各种各样的果实摇着铃铛的时候，雨又要来光顾人间了。忽然，有一天，当人们正匆忙地收割稻谷，采集果实的时候，她来了，她带着清凉的甘露莅临人间。人们欢喜地回了家，欣赏着淅淅沥沥的秋雨，似乎都忘记了劳累。各种庄稼似乎也在享受着甘露，它们在秋风、秋雨中微微摆动，好不惬意。这场秋雨，给了人们一个特殊的假期。

不知不觉中，已经到了寒冷的冬天。这时，雨是吝啬的，她化身作绵绵细雨，偶尔造访着大地。这时，人们可能会讨厌雨吧！但冬雨也有她的作用，她纯净了整个大地，她让城市变得干净整洁。夜晚，冬雨抚摸着窗户，屋檐发出的声音圆润而又凄凉，对于劳累一天的人们来说是一首很好的催眠曲。她预示着春天的到来，她送给了人们一年中最后的一份礼物。

啊！雨啊，你在一年四季不停地滋润着大地，从未停止过你对世界的贡献。你已经成为我生活中的一部分，没有你，我会变得枯燥、无聊。谢谢你的付出，我会在你姿态万千的化身下健康成长。

啊，总是美丽而又姿态万千，惹人喜爱的雨啊！

雨

沈欣萌

　　"轰隆隆……"一声声惊雷从被夕阳的余晖包围着的云彩中传出，天边也渐渐多出一层翻滚的乌云。雨，又要降临在这座城市了。

　　先只是听见断断续续的雷声，乌云也只是在天边。雷声越来越大，像前进的号角声般激励着乌云向前方行进。"嗒"，一颗雨滴落在草地上，开出了一朵小小的水花。仿佛得到了号召般，"哗哗哗……"只在一瞬间，一只只晶莹的"小精灵"从天而降，密密麻麻，犹如一张巨大的珠帘，悬挂在天地之间。

　　雨越下越大，还邀请了风姑娘和雷哥哥一起在天地间游荡：雨伴着风，飘到小草上，小草弯了腰；飘到小花上，小花和着雨滴一起舞蹈。这时，如果你打着伞站在公园里，你会发现，公园里的一切竟都在跟着雨滴一起舞蹈。雷哥哥也躲在乌云里开心地打鼓伴奏，"轰隆隆，轰隆隆……"

　　大街上，路灯一盏一盏亮了起来，整条街都积满了水，成了小河。不管你打着伞还是穿着雨衣，只要站在雨中，调皮的小雨滴就会想尽办法钻进你的衣服里。汽车在大雨和惊雷中怒吼着，在大街上乘风破浪，企图从雨中冲出一条路。可不一会儿，它就因为堵车而不得不静下心来慢慢等，慢慢挪。渐渐的，街上的人和车越来越少，只剩下两队还在街边站岗的路灯和在马路上和雨一起歌唱的流水。

雨仿佛喜欢上了这座城市，直到第二天早上才恋恋不舍地离开。昨晚在街上欢唱的流水也已经进入下水道，只遗留下一块块水渍。"丁零零……"一串清脆的自行车铃声将一切唤醒。公园里，小草顶着雨珠，伸个懒腰，睁开蒙眬的睡眼；小花昂着头，尽力将经过昨天沐浴后变得更加芬芳的清香撒播在公园的每一个角落；大树也早早醒来，正将根更深地扎进泥土，更努力地吸食养分，以喂饱那些已经在它枝头上生长的可爱的小绿芽们。

一切，又回到了雨前。

雨 的 味 道

郑婧妍

春天，是雨最爱停留的季节，淅淅沥沥，连绵不断，纤细的雨丝伴着温柔的春风，在春的世界里，尽情舞蹈，滋养万物，给万物带来无限的生机。

我们只是一直赞颂着雨的无私和奉献精神，可谁又会静默在雨中，静下心来，品味雨的味道，领悟雨真正想告诉我们的真谛。难道雨的味道就只有那些花儿草儿知道吗？

一时的无意，心里闷得慌，窗外下着绵绵的细雨，嘀嗒，嘀嗒……甚是好听。便起身走进了那梦一般的雨中，找了个空旷的地方，坐在一块石头上，闭上双眼，享受着雨丝那温柔的抚摸。不知不觉，将嘴微微张开，任由雨丝落入我的口中，细细品尝，想知道雨的味道是怎样的。可是这雨带给我的味道却是苦涩的。我顿时清醒了，我不信，再次品味，依旧是这般滋味。

我的心却突然静了，脑海中浮现出这几天遇到的困难，心里的苦楚，虽然一直想掩饰，想忘记，想用微笑盖过。可这些痛被这苦涩的味道带了出来。或许这苦并不是雨的味道，而是心中的味道。这似乎是雨在暗示着我什么？这几天的我很茫然，似乎一直在一个十字路口徘徊。我一直在逃避，想推开这些挫折，想忘掉，可雨却让我回到现实的痛，让我面对。

我开始回想，开始思考解决问题的方法，不再逃避，开始耐下心来面对。就这样不知不觉中，总感觉心里已经没有原先的苦闷。开始发自内心的向生活微笑。

现在的我们都太忙了，无心去在乎，去真正地感受内心的滋味，为了生存，将太多的想法掩盖。而雨却能带我们走进内心，走进那个属于我们自己的世界。雨的味道点醒了我们心中真实的味道，让我们用心去体会那个真实的自己。

品雨，品尝自己的内心……

过了一阵子，还是那个地方，还是下着雨，我微笑着再次品尝雨的味道，这味道却是我从未想象过的甘甜……

雨中彩虹

黄辰晔

"宝贝，起床了！要回老家了！"我睁开惺忪的睡眼，在温暖的被窝里伸了伸懒腰。窗外，树叶在风中颤抖，雨点打在窗玻璃上啪啪直响，像是在催促我，又像是在向我发出挑战。

我嘟囔着说："妈，周六能不能让我多睡一会儿，我们晚点儿回去。"妈妈脸上的笑容消失了，她严肃地说："孩子，你知道吗？在老家，这会儿爷爷奶奶已经在为我们准备午餐了。"是啊！每次回老家看爷爷奶奶，爷爷奶奶都像过节似的，一大早就开始准备午餐。想想他们，我还有什么理由赖在床上呢？

风夹着雨，东一头西一头地乱撞着。我和妈妈打着伞，裹紧衣服，在雨中艰难地前行。哎呀！我的鞋子湿了！这鬼天气！"快看！那边。"我抬起头，顺着妈妈指的方向望去，只见一群身穿统一服装的人打着五颜六色的伞伫立在街边，好像在等待着什么。"下雨天还搞活动，真是……""好像不是！"妈妈打断了我。

近些了，我看清楚了：是几个头戴蓝帽子，身着黄马甲，戴着白口罩的义工。他们全身湿了大半，但目光中却盛满了慈爱。他们两人一组，一前一后。前面的人，双手捧着一杯奶茶似的东西。后面的人，一手托着一个放着几杯"奶茶"的托盘；一手举着伞，为自己的

同伴打伞。见我们走过去，他们中的两组队员就像约好了似的，来到我们面前。前面那个义工弯下腰，双手捧着"奶茶"，毕恭毕敬地递到我面前，说："早上好！请喝一杯爱心粥，祝您一天好心情！"我吓了一跳，这可是我第一次听到有人用"您"来称呼我。我不知所措地往妈妈那边瞧，只见妈妈用头夹着伞把，双手接过粥，连声道谢。我赶忙学着妈妈的样子接过了爱心粥，顿时一股暖暖的气流传遍了我的全身。

　　我一边走，一边端详着手中的爱心粥：透明的杯子里装着浓浓的粥，一把淡黄色的勺子插在杯盖上，杯身的几行字扑入我的眼帘："以无私的爱心，去关爱别人，利益别人……"

　　我忍不住回头望了望——啊！雨中出现了一道彩虹，绽放出夺目的光彩。我不禁加快了脚步……

我 的 梦

陈韵怡

　　当梦想和青春邂逅，我会忽略所有，微笑迎接。

　　我有我的梦想，一个只属于自己而不奢求别人的梦。

　　十一岁那年，一个懵懂的夏天，我无意间开启了梦想之旅。我恋上了那种渴望到达终点的感觉。那是一种恍恍惚惚的错觉，想起梦想，我会突然一阵傻笑，然后一阵失落。它是那样遥不可及，让人迷迷糊糊的沦陷进去，又会痛不欲生地逃出来。很多人经不起现实的打击，纷纷落荒而逃。可是我从没有过，哪怕真的有那么一丝退出的念想，却也从没有离开过它。

我的梦想就是做一名演员，我想站在最大的舞台上演绎自己的人生。它可以用一个虚拟人物来构造出真实的自己；可以用魔幻空间来展现出大众的人生。那种感觉真的很美好！我喜欢这一个平凡的小角色抑或是一个充满光环的主角，它让我寻找到心中的另一个自己。

我爱梦想，就像蓝天爱白云一样。

当我在末班车上，把头伸向车窗外，望着漆黑夜空中闪烁的明星，便会不由得想起那个触手可及的画面：一个时尚女孩儿，穿着华丽的服装，站在高高在上的舞台上。舞台上是镁光灯在迷离地闪烁着，台下则是观众在安静聆听。那个女孩儿轻轻的，柔柔的，在讲述着自己的一个小故事……

当夜深人静的时候，我喜欢自己一个人坐在床上，望着那皎洁的月光，吟着"夜色朦胧夜未央"的诗句，我仿佛看到长安细雨，沐浴太平：一个衣着精致的女官穿行大明宫中，叩击着盛唐的金鼎，走廊中荡起一阵悠远流动的铿锵音符。她在用自己的一颦一笑演绎着唐朝人的气度和巾帼不让须眉的胸襟……

梦想对于我来说是一生中决不可缺少的东西。它看起来可能会微不足道，但它却给了我无限的动力。在我徘徊无助的时候，是它给予我前进的信心；在我堕落绝望的时候，是它给我一声声安慰；在我落难受伤的时候，是它伴随我继续前行。梦想让我懂得了许多道理，在梦想的帮助下，我才看清了真正的自己。

我知道，追梦不是如此简单而已。你可能需要付出比常人更大的努力，可这仅仅只是一部分。你要有足够的勇气，梦想会在你来的路上给你来个"下马威"，它不会让你如愿以偿。你要有坚毅的恒心，历经九九八十一种磨难，也不会阻挠你成功到达彼岸。你要有博爱的胸怀，面对人生难以管理的生老病死，我们能以起承转合去寻找心灵的故乡。人总是有限制的，但有梦总是最美的。

"晓梦随疏钟，飘然蹑云霞。"（李清照）我所说的每一句，都包含着我的坚毅和渴慕；我脚下的每一步，都是为了梦想与未来而迈动；不论成败，追梦都会是我青春岁月一次丰满的收获。

我的梦，一个中国女孩儿平凡而荣耀的梦。

沿着那弯弯的小路，慢慢地找寻自己，奔向希望……

我所说的每一句，都包含着我的坚毅和渴慕；我脚下的每一步，都是为了梦想与未来而迈动；不论成败，追梦都会是我青春岁月一次丰满的收获。

我有一个梦想

郑　植

躺在草地上，仰望天空。在那群星璀璨的苍穹中，有一颗最亮的星星，那必定是我的理想、我的梦。

小时候，我问爸爸："为什么要给我取这样的名字？"爸爸意味深长地对我说："我们希望你成为一个像曹植一样的人。"

随着年龄的增长，我逐渐明白，曹植是一个诗人，一个伟大的诗人，他没有忘记"捐躯赴国难，视死忽如归"，用爱国之心表现出中华儿女的坚毅和无私，用诗来谱写出生命的华章。成为一个像曹植一样的诗人，不仅是爸爸妈妈对我的期望，更是我的梦想。于是，我向梦想进发了……

我开始阅读经典朗诵古诗，在诗歌中，我明白了许多道理，懂得了爸爸妈妈对我的期望和要求。"日月之行，若出其中；星汉灿烂，若出其里。"在诗中，我感受到了诗人包容日月的博大胸襟；"飞流直下三千尺，疑是银河落九天。"在诗中，我感受到了诗人豪迈的浪漫情怀；"夜阑卧听风吹雨，铁马冰河入梦来。"在诗中，我感受到了诗人爱国爱民的高尚情操。

我也开始接触现代诗了。"成功的花，人们只惊羡她现时的明艳！然而当初她的芽儿，浸透了奋斗的泪泉，洒遍了牺牲的血雨。"冰心的哲理诗让我深深懂得了成功只能靠勤奋斗争取得。"为什么我的眼里常含泪水，因为我爱这土地，爱得深沉……"艾青的诗饱含对祖国热爱眷恋之情深深根植我的心灵。

诗，教导我做人的道理，陶冶我的情操，鼓励我奋发前行，催我向梦想前进。

天空中，那颗最亮的星承载着我的梦想。我相信，在我的努力下，我必将成为像曹植一样的诗人，实现我从小许下的梦想。

坚 持 梦 想

林昊阳

坚持，让一滴水打败了顽石；坚持，让一株草战胜了严冬；坚持，让一棵树屹立了百年……坚持是一个人身上最可贵的品质。在追梦的路上，我深深地领悟了"坚持就是胜利"这亘古不变的真理。

小学低年级时，我就疯狂地喜欢上朗读，每当阅读到生动优美的文章，总情不自禁地高声朗读。课余时间，不同于其他和我打成一片的小伙伴那样沉迷于动画片，我总会静静地坐在小板凳上收看新闻频道或者娱乐节目，盯着主持人脸上嵌着的红润嘴巴，仔细聆听那字正腔圆的标准普通话。那时我就暗暗在心中立下了梦想，如果有人问我"你长大想干什么"，我一定会响亮地回答"我想当主持人！"

追梦的路上布满荆棘。记得四年级时，语文老师为我争取到参加演讲比赛的名额。我终于得到了梦寐以求的宝贵机会，当时心中如揣了一只小兔，怦怦直跳。没有一点儿参赛经验的我，面对高年级的对手紧张得直打战。站在台上，面对人头攒动的现场，已经背得很熟练的台词好像在跟我捉迷藏，时不时躲在角落里，我的动作变得生硬，语调也高了"八度"。面对着微笑着的评委和满眼期待的观众，我就连心中那仅剩的一点点可怜的信心也都消失得无影无踪。而我的对手们，个个精神饱满，自信昂扬，语调时高时低，忽快忽慢，充满感情，还时不时配上恰当的动作，赢得满堂喝彩。

当时只得了个三等奖，比赛结果让我至今遗憾惭愧。

比赛后，心情跌倒谷底，我是不是不适合当主持人呢？我是不是没有那个能力呢？我开始怀疑自己，想要放弃。这时妈妈拉过我的手，温柔地安慰我："孩子，没关系，你第一次参加比赛就获奖了，已经很厉害了呀！你瞧，好几个选手经常参赛，很有经验，这是你向别人学习的绝佳机会啊！我们可以汲取别人的优点，改正自己的缺点啊，继续努力，以后争取战胜他们……"妈妈的话如冬日里的一缕阳光温暖了我暂时冰冷的小心灵。

"不积跬步，无以至千里""台上一分钟，台下十年功"。我开始认真地学习，模仿主持人，模仿演讲家，常常对着镜子"雕琢"自己的嘴型、表情和动作。时不时将自己演讲的内容录制下来细细观看，找出每一个漏洞并及时改正，争取让演讲更完美一点！

给时间涂上一点色彩

光阴似箭，时光飞逝。如今的我已经在各种演讲比赛中小露牛角，也获得过了学区第一名，并常常能代表学区去参加县级市级的比赛，今年也有幸被选为学区"六一儿童节联欢会"的主持人。

追梦路上，庆幸自己失败后并未放弃，是坚持，让我有机会站在舞台上，激动快乐地听着台下热烈的掌声！为了心中的那份梦，我大声地对自己说："永远不要放弃，坚持踏浪追梦，不畏风雨，定能修成正果！"

梦想从这里启航

吴丰喆

048

每个人都有自己的梦想。打上小学起，我就十分羡慕央视主持人撒贝宁，总梦想着有一天我也走上舞台当回主持人。就在今年暑假，我如愿以偿得到了这宝贵的机会。记得那一天，徐老师打电话来，邀请我去主持小鲤鱼艺术中心2014年的专场晚会。得到邀请，我一整天都沉浸在喜悦之中，心里就像有千万只小鸟在欢唱，就连呼出的空气中也包含着香甜味。我是否能胜任这次主持人的任务呢？如果在台上说错了，忘了台词怎么办……我不由得担心起来，"车到山前必有路"，乐观的我很快把这些烦恼抛之脑后。在离演出还有三天的时候，我拿到主持稿。时间紧迫，我便在家里对着镜子一遍又一遍练起台词来，每一个标点，每一处停顿，每一个神情……我都要做到烂熟于心。但总觉得我做得还不太完美，嗓子干了，脚酸了，但我没有停歇片刻，这一段时间是短暂而又充实的。终于，那最激动人心的夜晚如期而至。我要与市电视台的小鱼姐姐一同主持节目啦！盛装的我坐在台下故作镇静，而心中却如大海般汹涌澎湃。当无数霓虹灯亮起来，欢快的音乐响起来时，我的心如同揣了只小兔子直蹦跳。紧张得我还一连上了好几趟厕所呢！随着一声："有请主持人闪亮登场！"我和搭档一起走到了舞台中央，望着台下人头攒动，我的心一下提到了嗓子眼上，话筒攥得更紧了，手也不听话得抖动起来。"别紧张，我能行！"我深吸了一口气，暗自为自己加油鼓劲。"快乐的铃鼓敲起来，幸福的生活唱起来……"我一口气把台词娓娓道来，台下响起了雷鸣般的掌声。良好的开端是成功的一半，接下来的主持就越来越轻松自若。 那一晚对我来说意义非凡，那一夜注定让我终生难忘！就让梦想从这儿启航吧！

努力过，不后悔

黄炜纳

　　试卷上那个鲜红刺眼的分数，它跳动着，我的心也跟着它跳动。临近小学毕业考，考前的一次次失意，让我不安的情绪，再次涌上心头……窗外的滂沱大雨，似乎都在嘲笑着我！

　　雨后，不像歌词中唱的那般美好，出现绚丽的彩虹。发酵过的土地，此时变得湿润起来，散发出特有的芬芳。鸟儿呼朋引伴地卖弄清脆的喉咙，唱出婉转动听的曲子。我的心情却与这幅美景形成了巨大的反差。我又一次输了，输给了对手，输给了自己。我始终用努力换不来自己期待的结果。

正逢心情的低谷，我只想一个人好好地静一静。顺着公路慢慢地走，我走到一棵老树下，坐了下来。

不知在那里坐了多长时间，忽然，远处有一阵嬉笑声和"嗒嗒嗒"的脚步声传来。我从沉默中抬起头，看了一眼，是一个五六岁的小男孩儿。小脸蛋儿红扑扑的，一双大眼睛熠熠有神。当我们四目相对，视线交汇的那一刻，不知怎的，我感受到了前所未有的力量。他的手中提着一个红色的小水桶，桶里还装着一把蓝色的小铲子。他想做什么呢？我不禁对他好奇起来。

我起身换了一个地方坐下，静静地望着他。只见他跑到不远处的一棵枯树下，专心致志地用铲子给它松起土来。我十分不解，一棵已经失去生命的树，有什么好松土的呢？

反正闲来无事，我就坐在那儿观察了他一整个下午。只见他松土后又施肥，施肥后再松土，还时不时地浇浇水，如此反复地做一些无意义的动作。

正值盛夏，酷暑当头，他的额头上不断地渗出豆大的汗珠。看到他如此辛苦而着急的样子，我想走过去劝劝他，让他停下来。

"小弟弟，你别弄了，它已经死了，你救不活它的。"

"不，姐姐，我还要干，不试一试，怎么知道呢？也许会有奇迹发生的。"

我不再说什么了，回到刚才那个地方，默默地坐下。从他的眼神中，我看到了热切的希望，我明白自己再说什么都是多余的。

他仍在松土、施肥、浇水，用塑料小桶一趟一趟地来回运水，看着他跟跟跄跄的步伐和疲劳的身影，我开始动摇当初那个坚定的想法。他这么努力，会成功吧？

转眼间，天就要黑了，我无声地离开了。

几个星期后，再来到这里时，正巧又看见小男孩儿站在那棵枯树前。

"树没有活？"

"是的。"

我正要开口安慰他，他却比我先开口了。

"但是，姐姐，我努力过了，我不后悔。"

听完小男孩儿这句朴实的话语，想到我因成绩退步而沮丧的状态。我缺少的不正是这样的一份执着吗？这样一份坚定无悔的执着。从那时起，我明白了：何惧失败，努力就好。

此后，我再也没有见过他，可当我每次再来到这里时，总会想起他的那句话："我努力过了，我不后悔。"

在尝试中成长

何　铭

历经了风风雨雨，才懂得了什么是顽强；历经了水深火热，才懂得什么是爱；历经了失败沮丧，才懂得什么是成功的秘诀。

成长是美好的，但其过程并不是一帆风顺的。每个人都有自己的选择，选择自己要走的路。我们要尝试着，去努力，去坚强，去探索奥妙。

我尝试着去克服困难。考试成绩不理想，曾对生活失去了信心。但无意中看到暴风雨后灿烂盛开的野蔷薇，顿悟：成长必要经历风雨和磨难，但它并不可怕，勇敢努力地坚持、拼搏，总有一天会开出属于自己的美丽。不历经风雨，怎能见彩虹？

我尝试着去挑战自己。学习骑自行车，但每一次都以失败告终。但我仍不放弃，因为我明白：只有从失败中吸取教训、经验，才能找到成功的方向。于是我挑战着自己。在经过数次跌倒，数次失败后，我战胜了我自己，终获得了成功的果实。

我尝试着去宽容待人。妹妹不小心推倒了我，并洒了热水，我本十分生气，对着她进行轮番吼骂，但等气消后，静下心来，仔细想想，其实这只是一桩小事，妹妹又不是故意的，又何必动怒呢？所以很想对她道歉。但又有点拉不下脸来：我可比她大，怎么能向她低头认错呢？但在心里作了一番激烈的思想斗争后，还是不情不愿地道了歉。却没想，她马上对我说："没关系，这也是我有错在先，所以你才会一时心急骂了我。"她红着脸，摆弄着手指，低下了头。这件事就这样过去了。每当我们再提起，总会相视一笑，眼中透着无声的默契。做人，要学会宽容，虽然这个过程很艰难。

生活就像太阳，时而阳光明媚，时而乌云密布。但是，只要笑对生活，面对生活中的一切，无论是什么事，终会有结局。我们要尝试每天都过得开心快乐，乐观向上，尝试忘记自己的烦恼和怨怼，勇敢地活着。因为，生活就像一面镜子，你对它笑，它也对你笑；你对它哭，它也对你哭。

成长中满是荆棘，但荆棘也会开出鲜花。尝试做最好的自己吧！

完美自我

李昕亮

所谓塑造自己，就是改掉在他人心目中那些不完美的形象，通过坚持与努力来塑造出一个更好的自己。

塑造自己，要越来越有活力。在大家看来，充满活力、乐观是一种积极向上的表现，忧郁、堕落则是一种极为负面的表现。活在当下，做最好的自己，寻找生活中的乐趣。坚持，梦想就会成真。"世上无难事，只怕有心人"，不管面对什么事情，都要抱有一颗坚持不懈的心，半途而废只会使人无所成就，成为别人的笑柄。

塑造自己，要越来越坚强。"遇到困难，要懂得自己解决。"这是父母常鼓励我们的话。的确如此，遇到困难就失去信心，那还怎么取得更大的成就呢？做人做事，都要会合作，能包容。齐心协力，效率就会提高；发生矛盾和冲突时，要包容对方，俗话说"退一步海阔天空"，要将心比心，为他人着想，不断提升自我情操，使自己变得更加坚强。

塑造自己，要谦虚不骄傲。虚心使人进步，骄傲使人退步。要虚心接受别人好的建议，转化为自己进步的动力。同时，不能因取得一点儿小成就而"飘飘然"，强中更有强中手。

塑造自己，要注重内在体现。外表美不美都不重要，重要的是要有内涵。对那些言行举止不文明、扰乱社会风气的人，要坚决打击；对那些心地善良、懂得感恩，对社会辛勤付出的人，要发扬传承。内在美的体现，才是最美的"风景"。

塑造自己，并非空想，从点滴始。

塑造自己

朱佳佳

人生如一场惊心动魄的旅行，我们每个人都曾怀揣着梦想，在荆棘丛生的道路上不断前进；生活从来都是五彩缤纷的，眺望着那些美好的事物，你的心中或多或少都会泛起一层涟漪，或憧憬，或向往，我知道，这是一种人们对美的追求；生活也是充满着诱惑的，在金钱利益权力面前，谁又能初心不忘，朝着自己内心所追寻的努力下去……

作为青少年的我们，青春十足，活力四射，永不言弃就是我们的代言词。朝气蓬勃的我们对未来充满了遐想，每个人的心中也许都有一份属于自己的梦，或渺小或虚无，可这却成为我们顽强拼搏的动力。我们不知道路途有多么艰难，只是那一份轻狂的勇气指引着我们前进。我们也怕挫折，也怕困难，可总能摔倒了再爬起，因为我们年少，那一句"从哪摔倒就从哪爬起"总能轻易地激起我们心中的斗志，让我们为之勇往直前。在属于我们的青春里，我们拼搏，我们无畏风雨，为着理想中的自我作出努力，为塑造一个理想中的我而不断奋斗。在这个时期里，我们也听过太多人在成长中，在经历了社会的种种艰辛时，遗忘了初心，选择随波逐流，不再朝着理想中的自我前进。面对这一个个故事，我们有的不是深思，而是嗤之以鼻，我们总能坚信自己在时间的洗涤中，能够初心依旧，仍然为理想中的自我而奋斗。

可是时光总在继续，人总在不断成长，我们也会一步一步地做出改变。也许心境变了，也许态度变了，也许也迷失了那份初心……人生永远是变化不停的，谁又能知道未来会发生什么呢？在时间的考验中，又有谁能始终如一，只是简单的朝着最初的那个梦想前进呢？我只知道，能做到的人寥寥无几。

你可曾听过大禹治水的故事，大禹三过家门而不入的故事可曾触动你心中那根柔软的弦？后来，大禹众望所归地当上了首领，可在权力名利的熏陶下，他也开始有了私心，于是，家天下代替公天下，世袭制代替禅让制。你可曾想过这样一个人最终会是这样的结局？但是，我们没有资格去责怪他们，世间的纷扰诱惑太多，能保持初心的人实在太少。

055

但是这一切的一切对于现在的我们来说都太过遥远，现在的我们该做的是从当下做起，时刻记住自己内心最初的梦想，在人生这条崎岖不平的道路上，以坚定的信念，轻狂的勇气，无畏的态度笑着去前进，初心以对，为塑造一个理想中的自我去拼搏。

我相信，终有一天我们也能变得能够独当一面，面对一切风雨都能坚强以对，笑对人生。

给时间涂上一点色彩

乡水悠悠让我陶醉

黄楚越

蛙声又一次被提到柳梢上，在极静谧的夜却并不显得突兀。我伏在昏黄的灯光下，翻看泛黄的旧照片。

其实家乡对我的含义没有太多沉重的意味，清澈得像从麦田前缥缈而过的溪水，是孩提时最美的风景画。

奶奶经常牵着我的手，操着一口浓重的乡音叮嘱我不要跑远，又缓慢地走向她的青菜白叶。我最爱的是秋天，好像一切删繁就简。金黄的麦田，明净的天空以及泠泠的溪，却也是极美。现在回想我的童年原来是孤单的，只有蝶蜂做伴。我喜欢把脚丫子伸入溪水里。感觉很奇妙，看着柔软的透明丝绸从趾缝间滑过荡出的细小波纹，像是给心灵的洗涤。轻缓都不可思议。童年的溪水的溪底是比水还要凉的卵石，被嵌在溪底里就像闪光的碎钻，奶奶也只允许我拿脚碰碰，用眼看看，是绝不许带回家的。

等到余晖给那边黛青色的山镀上金边后，奶奶操着一口浓重的乡音催我回了。手里提着是嫩生生的白菜，头上是镀了金边的草帽。

奶奶会做许多吃食。有一种是我到至今都难以忘怀的。用箬叶包裹着，里头是青绿的，有甜的馅料，我不识得箬叶，只把它叫作青草团子。

许是工序极繁复，奶奶从午休时进厨房，晚饭前才能端出漫着箬叶清香的盘子。奶奶往往只是看着我大快朵颐，眼角漾出丝丝细细的鱼尾纹。暮阳下的灰白的发丝好像都变得极不一般。

时间说慢也快，像一触针盘的一尾游鱼；说快也慢，像倦怠的老马载着碌碌的生活。

父母与我搬离了家乡。我经常跑回家乡的麦田，往往能瞧见奶奶勾着腰，顶着草帽，照看她的青菜白叶。我也坐在不远的溪水旁，说来也怪，环境污染日益严重。家乡这却仍有金黄的麦田，和一带清溪。又是夕阳渐颓，奶奶抱了篮子，直了腰，"娃，回了。"还是乡音，散在美得醉的夕景里。

每次回家乡都是这样的感慨，还好，都没变。

蛙声被寂静的夜拉长，厚厚的册子被翻到了最后一面。我轻舒一口气，按灭了台灯，进入了一个清澈的散着箬叶清香的，令我怀念的梦。

落叶，牵动我的情思

黄上华

丰富多彩的生活会撩拨你刻骨铭心的记忆，浩瀚无尽的宇宙会引爆你探索奥秘的乐趣，千变万化的大自然会牵动你无穷无尽的情思。

叶子黄了，秋天来了；叶子落了，秋天深了。那一片片飘落的叶啊，你的心向往的是何处呢？你是否要进行那无尽的轮回，还是要游览这世界的千姿百态？你是否在后悔当初落下的决定，还是要另寻一个住所，去听闻那精灵的轻声细语？你是否在等待下一个春天的到来，期盼着能够重整容冠？

一片一片的叶子黄了，一片一片的叶子落了。多少片落叶安详地躺在松软的泥土中被无声地分解，悄然地去往另一个世界。他们离开了母亲，在风中摇晃，却再也听不到那温柔的安抚了，只能坚强地度过剩下的每一分每一秒。

当我们走进秋天的树林，满地落叶拼接成了一块大大的黄地毯，踩在那一层厚厚的落叶上，偶有掉落的枯枝发出声响，那声音清脆动人，悠悠漫步，谱成了一首秋的交响曲。当我们沉浸在如此美妙的世界里，可曾想过，时光太瘦，指缝太宽，弹指一挥间，我们已经不再是孩子了，我们终会像那满地的落叶一样，离开父母，不在他们身边，要独自生活，独自面对生活的万千磨难，虽然爸爸妈妈仍会帮助我们生活，但却不可能一辈子依赖他们——我们要学会坚强面对生活。

一片落叶，是一片情。亲情，友情，师生情，我们所牵挂的情，我们会永远铭记。但是，生活终会有许多烦恼与困难，我们要锻炼自己，让自己能在生活的风雨中伫立。

因此，不要埋怨生活困难重重，我们总要去适应，因为它也是我们的一位导师，他让我们学会了自立，学会了生活。

落叶纷纷，牵动了我情思缕缕，片片落叶上刻满了沧桑的美丽，但他们仍完好无损。人也应学会独立才能在社会上立足。所谓"不经历风雨怎能见彩虹"。

落花亦有情

郑　悦

落红不是无情物，化作春泥更护花。

——题记

　　萧瑟秋风送来了北方的大雁，却又捎走了春夏之花，在寒气里凄凄颤抖着的不就是前日初绽的花儿吗？

　　天空分外清澈，衬得娇花更惹人怜几分。秋风无情，吹散了浮云，枝头的那朵小花未曾在空中跳尽一舞就躺倒在树根旁，生命也就消逝在这缕秋风里了。

　　走过这花的一生，短短一瞬。前一秒还是拼命吸取养分向往着开花的小花苞，枝头无绿荫遮阳，却斗志满满，后一秒却惨惨枯败，还来不及多为世间献出一点芬芳就走到生命尽头。

　　即便没有黛玉葬花那般情思，也是几分垂怜在心头，花生短暂，亦如人生，疑似漫漫长路却又呼啸而过。我又要哀叹几分的了。

　　秋雨却悄悄地来了，淅淅沥沥绵绵不止，好像那斩不断的愁思，无意撇见那朵枯花，以为是凄惨苦楚罢了，不料温顺地依着树根似乎要融入土里般。小白花仿佛还带着笑，我苦苦自问而不得解。

　　是绽放的喜吗？不像。还是落地的喜不成？我算是看出端倪来，分明就要得解，可更多的问题做成的茧又把我给缚住了。

有何喜？有何喜？我不禁茫茫然而不知所从了。

雨又打下了几朵花，我安静地注视着她们，仿佛在进行某种神秘的祭祀活动般神圣，风雨多阻挠，却掩不住她们最后的魅力，旋转共舞，我曾以为是最后的狂欢，现却被秋雨洗净双眸，这是另一种欢乐，是对自己即将回归母亲怀抱前的激动和喜悦。近了地面，疑似动作慢下许多，我想，这莫不是近乡情更怯？

忽而，我也欣喜激动起来，生命确是有尽头的，但生命的延续是无尽头的啊！春夏之际，树予花以养分，花落之际，花必投树以生命。这是一种生命的延续，这也未必不是另一种小羊跪乳乌鸦反哺！

眼前突兀地出现了一抹白，那是几天前在母亲一头秀发里找到的异类，白得突兀，令人心惊更令人心疼。壮年时白头为谁？那岂是一根白发，是无数个日夜母亲为儿女操劳的心。我们的日子还很长，有时间去等待，母亲的日子却禁不住蹉跎，这世间有多少子欲养而亲不待的苦啊，趁当下，我们应该把对她们满满的爱一点一滴洒在生活里。

落花亦有情，你我难道无情吗？

给时间涂上一点色彩

林嘉怡

时光无声，轻轻地，悄悄地它就不见了。而在这些时间里，你又做了多少? 时光虽无色彩，但我们可以为它涂上一抹色彩。

给时光涂上一抹色彩，让它不再无味。在生活中，我们经常让时间无味，因为我们总是做一些平淡的事，我想，不必做多么伟大的事，适当地增加一些乐趣，你会发现，真的很快乐。

给时光涂上一抹色彩，留住它。你们浪费过时间吗?有，一定有。在这段时间里，你们都在做什么呢? 无趣的消磨? 还是并不看重它? 哎，时间宝贵，错过了就没了。这样你会快乐吗?

给时光涂上一抹色彩，用心去保护它。有的人会说："时光无情，我保护它，我珍惜它，可它却总对我冷漠无常。"哈，你们听说过吗? 时间不等人! 如果用心去保护它，珍惜它的一点一滴，我看啊，你兴许就不会这么认为了吧。

给时光涂上一抹色彩，把自己融入其中。在这个时间段，我们该做什么呢? 我们该做的就是学习，放下一切，用心学习，把自己融入其中，安安静静地学习，等这段时间结束了，发现自己成功，那么时间一定会陪着你，陪着你玩耍，陪着你happy。

061

给时间涂上一抹色彩，但它告诉我；你并没有做到。是啊! 用时间留给我的小礼物反思自己，我却是一再地浪费，一再地抱怨，可时间它不理我。妈妈常说："你又在那玩，你知不知道自己浪费了多少时间？"

年幼的我天真地以为时间长着呢! 但长大的我，有所不同，珍惜时间学习，但还是那么的贪玩，无法静下心来，这让我愤怒不已。但时间它告诉我：还来得及，一定要改。我听从了它，在该玩的时候痛快玩，在该学习的时候用心学习，我生活中的一点一滴都很快乐。没错! 我为时间抹上了色彩。同学们啊! 不要再放纵自己了! 不要再给时间抹黑了! 为它涂上一层色彩吧! 你与它都会很自豪的! 这并不难，只要找到并跟着感觉!

时光无声，它就那么无声无息地溜走了。但是，再轻再悄，用心

给时间涂上一点色彩

灵，我们也能抓住它，为它上色！加油吧！为自己的时间，也为自己的人生！

给时间涂上一抹色彩！

最美的太阳

　　什么"落红不是无情物，化作春泥更护花"，什么"随风潜入夜，润物细无声"。您是老师，对学生来说自然如此，但对我来说，就是"谁言寸草心，报得三春晖"。妈妈，我要用什么来报答您呢？

　　十几年来，我只在心里默默地感激着您，记住您对我的好。妈妈，你可听到我内心的呼喊——妈妈，您就是我心中最美的太阳！

批评也是一种滋养

林海翔

如果说表扬就像阳光，批评就像雷雨，那么，阿里巴巴集团的总裁马云在成就阿里巴巴之前从未碰触过阳光，一直在接受着雷雨的洗涤。

未成名前，他疯狂的想法让人们给他贴上了"平庸""丑陋""疯子"诸如此类的标签。人们对他的评价并没有让他心灰意冷，反而让他逐步开创了阿里帝国的传奇。

在他功成名就后，美国杂志对他的评价是这样的："凸出的颧骨，扭曲的头发，淘气的露齿而笑，拥有一副五英尺高，一百磅重的顽童模样，这个长相怪异的人有拿破仑一样的身材，同时也有拿破仑一样的伟大志向……"国内的媒体就更直接了："这个相貌丑陋的男子是如何走向成功的？"可见，人们对他的评价还是离不开他的相貌。但，此时的他正是当初那个被人嘲笑、被人认定不会有出息的丑小子。可以说，正是世人对他的否决，对他的批评，才让他将之化作为创业的动力，铸就了传奇的一生。

大家都知道，封建社会里皇帝位高权重，大臣们对皇帝犯错可谓是噤若寒蝉。但是，齐威王却接受了邹忌的谏言，乃下令"群臣吏民能面刺寡人之过着，受上赏；上书谏寡人者，受中赏；能谤讥于市朝，闻寡人之耳者，受下赏。"齐威王不但接受他人的批评，而且还知错就改，如此深明大义的君王实不多见。正是他善于接受批评，知错就改，才成就了六国皆朝于齐的美谈。其实，批评的作用就像雷雨一般，为你积蓄力量，在机会成熟的时候，让你一鸣惊人。就如竹笋，总是在雷雨之后冒出尖芽，随后便迅速成长为参天之竹。

"人生就像这公交车，乘客可以上，可以下，唯有司机一路向前，历经沧桑。"如果是我，我只想成为司机，一路向前，接受时间带给我的一路风雨沧桑。因为它们啊，能使我成长为更好的自己。

毕竟，批评也是一种滋养。

修心重于饰面

方馨怡

今天，妈妈叫我到超市买些东西。细细观察，我发现许多同龄人有的浓妆淡抹，有的袒肩露臂，心中顿生几许感慨。随着经济改革的深入，人们逐渐富裕起来。手头宽绰，吃的好些穿的好些，这是应该的，也是无可厚非。有的人却一味追求物质享受，总希望自己仪表堂堂，风度翩翩。他们所关心的是脸是否湿润有光泽，衣服是否高级一流。那么，怎样才算美呢？历来众说纷纭。有的人衣着朴素，可德行高尚，受人景仰爱戴；有的人衣冠楚楚，但灵魂肮脏，被人唾弃。其原因何在？美在于德而不在于面，修心重于饰面。

美德好比宝石，在朴素背景的衬托下显得光芒四射，熠熠生辉。

苏联作家奥斯特洛夫斯基说得好："人的美并不在于外貌、衣服和发式，而在于他的本质，在于他的内心。要是人没有内心的美，我们常常会厌恶其漂亮的外表。"

历史和现实生活中的许多事例早就证明了这一切。例如，美国前总统林肯，相貌丑陋，常受到政敌的讽刺，说他会变脸不认人。可林肯却幽默地说："假如我会变脸，我还要这副脸孔吗？"正是他领导美国人民打败了南方种植园主的叛乱，解放了黑人奴隶，为人民谋利益，所以一直被美国人民所尊敬。假如林肯不为人民着想，只一心往美容所里钻，像《皇帝的新装》里的皇帝那样追求美服，也许他会漂亮过人，但在人民眼里，他会变得丑陋。据说，诸葛亮的妻子长相丑的出奇，但诸葛亮却与她相亲相爱，白头偕老。不是"佳人"怎能赢得"才子"？只因为她善良贤惠，也自然而然变成西施，长留在诸葛亮的心中了。

人的美不在于面，而在于心。我们每个人都应该拥有一颗美丽的心，做一个讲文明礼貌的新人。而要成为这样的人，就得修心——向贤者学习，向善者学习，"时时思善"，每日"三省乎己"。

总而言之，修心重于饰面。如果既修心又饰面，诚于内而秀于外，那自然就更完美了。

谈　回　报

郑乐遥

　　回报是什么？回报就是回给你的报答。怎么得到回报？首先你得对他人实施帮助。道理很简单，生活中一件微不足道的小事，或者至关重要的大事，只要你能做到，并愿意为之付出，就有可能得到回报。

　　为什么是有可能呢？我们见过很多新闻，都是为了他人不惜牺牲生命、身体等等。这样的人固然值得称颂，而群众也相信受帮助的一方会回报奉献者。但有些奉献者连生命都没了，怎么获取回报？将来人家到你坟前上炷香可不算什么回报。而且帮助他人，是义务，可以选择不帮，但回报的前提是你已经帮助了人家，你尽了你应尽的义务，但别人可以选择不回报你！社会上助人现象诸多，但从没什么报道是谈被助人做出的回报。为什么？助人更吸引眼球，而回报的人在当今社会却似乎不是一种道德行为，不如助人的人影响力多，助人被大家赞扬，而回报能得到什么？再也得不到什么了。那还不如不回报呢。抱有这种想法的回报者太常见了，这种事例也太常见了。

　　有些助人的人不乐意了，那我干吗要做出这些牺牲？振振有词，引发众多人一起义愤填膺，纷纷指责受助人不懂回报。对此，我嗤之以鼻。难道助人就是为了得到回报？不懂回报固然不对，但前者的不

067

满也引发许多人的深思。这种人，不是事后后悔自己的行为，就是在当初不是出于真心。

其实，不管怎样都是有回报的吧，因为回报这种东西，有实的，也有虚的：你因为救小孩上了感动中国；你为学生辛苦奉献将来他们风尘仆仆回来谢你；甚至你的随口一句被别人铭记在心并为此奋斗终生。你得到的最大回报其实是心灵上的。也许你做了一件小事情，小到谈不上获取任何回报，但你会开心会自豪不是吗？也许这也是所谓的回报吧。

其实世界上回报遍地都是：为灾区儿童献爱心的你，可能不知道有多少个孩子隔着千山万水想把那份带有眼泪的感谢与祝福传达给你；加入生物志愿者协会，为保护动植物献出一份力的你，可能不知道当离开大海、离开森林时，多少个生物在默默为你送行，即使它们不能言语；为了自己所钟爱的东西而奋斗，不惜抛弃一切，那么，它会回报你对它的爱的，回报给你至高无上的荣耀。

是的，其实回报就是一份至高无上的荣耀。

无声的爱，留在我的记忆深处

何子君

墙角的灯，默默地把光亮一直奉献到深夜。我独自一人在桌前奋笔疾书，身旁是堆积如山的作业。此刻，千家万户的灯火随着时间的流逝渐渐熄灭，只有窗边微亮的路灯，努力睁着惺忪的双眼，与天空中的几颗残星默默做伴，在我心中划过一丝浅浅的温暖。

起居室亮着灯光，与卧室的光相互辉映，交织在一起，显得很温馨。

静静透过门缝，暗黄的灯光泻了进来，父亲躺在床上，往日喧闹的电视被调成静音，斑驳的色彩映在墙上，光线忽明忽暗地在他脸上流转。曾多次劝他："不要看无声电视，放出声音来，不会影响到我。"他却幽默地说："学会看图说话。"说完还像孩子般调皮地眨了眨眼睛，而我对父亲的话却半信半疑。

他忽然意识到什么，端起茶几上的茶壶和水杯，蹑手蹑脚来到我的房间。

门半开着，他的身子移了进来，高举的茶壶平稳地落到我的桌旁，片刻，他抬高了茶壶，从壶中飞出的细流，冒着丝热气，伴着淡淡茶香，飞入杯中，这一切如杂技表演般神奇。我屏息凝神看着茶水慢慢蓄积，水花调皮地溅到我的作业本上，我假装生气地看他，他连忙止住细流，小声地说："对不起。"然后便轻轻地离开。

静静望着那杯茶，淡淡的茶香，热气散发着，在鼻尖徐徐漂浮，吐露芬芳，慢慢地，心似茶香，淡了，轻了，似茶水明了，平了，好像父亲那无声的爱，浓缩在茶中，静谧而温暖。

069

我的父亲

赵艺杰

"时光时光慢些吧，不要再让你变老了……"歌声牵引着我的思绪飘向记忆的深处……

凌晨，我被窗外哗哗的雨声惊醒。狂风怒吼，一股股寒风从窗户的缝隙里肆意涌入，刚起床的我不禁打了个寒噤。用过早餐，父亲不放心我步行去上学，执意要用电瓶车载我，我默默地跨上后座，钻进雨衣轻轻地搂着父亲出发了。

车一驶出车库，就立刻感觉到豆大的雨点如陨石般狠狠地砸在雨衣上，不一会儿，冰冷的雨水就模糊了我的视线，透过头盔我隐隐约约感觉路旁的景物不停晃过，春寒料峭，四周一片寂静，不见行人，只依稀听见电瓶车微弱的马达声。凛冽的风雨中，我们慢慢前行，风不停地掀起他的雨衣，我蜷缩在父亲的背后，搂着他，感觉他不停地颤抖着……

天从灰暗渐渐变亮，父亲时不时关切地询问我冷不冷，父亲的声音已不再洪亮，感觉他的嘴唇像干涸的河床，说话时有点沙哑，震断了我内心深处的那根弦。父亲的腰已不再如从前那样挺拔了，那些匆匆岁月，父亲起早贪黑为生活奔波，连看电视的时间都没有……想到这，我不禁紧紧地搂住了父亲，十指相扣，父亲的体温传递到了我的心窝……

到了学校，雨居然慢慢停了，我跳下车，看到父亲摘下头盔快速地拂去脸上的雨水，父亲头上也满是晶莹的雨珠，两眼已显得疲惫灰暗，沟壑纵横的脸上，那皱纹深深地刻在了最显眼的地方，蓦然间我清晰地看见了父亲头上的白发。不是月亮轻微的点染，没有华丽辞藻的修饰，那一缕缕的白发如一根根炽热的铁丝刺进我的心！父亲的白发，一次次的被狂风刮歪，又一次次不屈地挺立，我知道他是为了谁。啊！父亲已经老了。我不禁鼻子一酸，泪水禁不住淌满了我年轻的脸颊。

我定定地站在父亲面前，看着他的眼睛，我读懂了他内心的那份关怀，那关怀如寒冬的一盆火，为我卸去一身寒意。父亲为我拂去脸上的泪水，我惊觉，父亲的手因泡了长时间的雨水而变得冰凉泛白了，泪水再一次模糊了我的视线。望着父亲那渐行渐远的模糊的背影，我不禁潸然泪下。

"谢谢你做的一切，双手撑起我们的家，总是竭尽所有，把最好的给我……"筷子兄弟的歌声似乎又飘进耳朵。父爱似太阳，即使在乌云密布的天空下，我也能感受到他的光芒；父爱似大伞，即使在风雨交加的路上，他依然能为我撑起一片无雨的天空！

我亲爱的父亲！我，懂感恩！我将铭记您的每一份辛劳，相信我，儿子自有儿子的报答！

最美的太阳

父亲的茶

刘妍语

亦浓，亦淡；亦苦，亦甜；亦是你伴我走过的风景。

——题记

晨露晓风，叩醒帘内的幽梦。

曾记否，那点点清甜。

小时候的我总是喜欢凑到父亲身边，懵懂无知的眼睛专注地凝望着父亲泡茶。那娴熟的动作，让我对父亲产生了敬佩。小时候的我只觉得父亲很厉害，对敬佩的含义不是很懂。父亲经常抱我坐在他腿上，给我一杯茶。我总是一点一点地喝。茶入口中，点点清甜在舌尖停驻。

曾记否，那醇醇浓香。

大些了，父亲经常带着我到处玩，先是稍近的公园，再是山水。我总是十分高兴，父亲一有时间就带我"游山玩水"。日子悠闲得很。在小学一年级时，我常因为优异的成绩被老师表扬。回家后，父亲也一边夸我一边鼓励我。放学回来的我，捧起紫砂杯，大口喝着父亲泡的茶，醇醇浓香在口中弥漫。

曾记否，那淡淡苦涩。

不知从何时起，每当我拿着卷子飞奔回家，父亲总是淡淡地说："嗯！下次继续努力。"不痛不痒的话语让我有些失落。父亲似乎不这么关心我了。只是在泡茶时，唤我一起品茶。入肚中，茶带着淡淡苦涩萦绕心头。

后来，我才知道父亲是怕我骄傲。

父亲的茶是禅客，给修行人于明净空灵；父亲的茶为良药，苦口利病；父亲的茶亦是美人，惊艳于时光，温柔了岁月。花儿记得这一路的温情。

父亲的拐杖

陈 夷

今天大扫除的时候，我偶然间发现了那根细长的拐杖静静地躺在角落里，勾起了我的回忆。

四年前，爸爸得了一种叫"痛风"的病，脚踝肿得像包子一样，走一步就是一阵刺骨的痛。痛到忍不了了，爸爸就请假在家，还托爷爷带一根木拐杖。拐杖长长的，摸起来十分光滑细腻，中间有一些被削去的树皮，露出点淡黄色的芯，还有许多黑褐色的纹路缠绕在上面，望起来还颇有几番古色古香的韵味，我一看到它就十分喜爱。

闲逸之时，爸爸就会放下他手里的活，拿一个小铃铛，和线串成一串，高高地垂在拐杖上，我就使劲儿地跳上去抓那个铃铛，爸爸也不断地改变高度，铃声伴随着我和爸爸的笑声，洋溢在那个小小的天地中。

后来爸爸的脚渐渐地恢复了一些，周末我就会和爸爸一起去踏青，享受大自然的风采。我刚开始总是活蹦乱跳的，但到了半山腰，就像脱了水的茄子，顿时蔫了下来。爸爸总是稳稳地拄着拐杖，悠悠地走着，在我累的时候，他就会抓着拐杖的一端，我拽着另一端，他便会用他那还未痊愈的脚，把我拖到了山顶。我们惬意地坐在长椅上，爸爸便把那根"硬朗"的拐杖平放在膝上，让我那小小的身躯坐在上面。蓝得透明的天，像一块薄纱罩在头顶上，凉爽的微风拂过我和爸爸的脸颊，远山影影绰绰，像几笔淡墨抹在天边。爸爸搂着我，拐杖上满满都是爸爸的体温。

时光如白驹过隙，爸爸的脚渐渐好了，我也渐渐长大。摸铃铛的游戏早已过时，爬山我也能一口气爬到山顶，再也不需要别人的搀扶了，爸爸也不用拐杖了。拐杖已放置多年，杖底也生出了霉菌，杖身开始有些破裂，满身是沧桑的气息。我怀恋地抚摸着它，擦拭着它身上的尘土，熟悉的触感，仿佛就像爸爸在身边，给我那稳重的安全感。

我轻轻地将它放回原位，拾回了我那愉悦的童年记忆。也许，父亲一辈子也不需要它了吧！那如果父亲老了呢？那就让我来当他的拐杖，当他一辈子的依靠。

没想到我如此爱你

欧　阳

　　天气已悄悄转暖了。时值夜晚，喧嚣充斥在大街小巷。我拨开嘈杂，轻轻地取下你。

　　你，在灯光的照映之下显得格外光滑，如流水般的线条证明了你无可挑剔的品质。六根金弦紧紧地固定在品格之上，弦上不免有些漆落之处，那也是证明我刻苦的最直接的证据。记当初，在琳琅满目中，我一眼便看上了你，多么爱你。

　　手指已悄然靠近你的弦，轻轻拨动六弦，清脆之音缭绕于心中，声声入耳，如同轻风一般的音色拂过我心。跃弦而上，再拨动三弦，只闻一列冷酷的声响呼啸而过；三弦的mi是最中和、最入耳的音符。又挑动一弦，一股重金属之音，正铿锵有力地在诉说自己。连拨一、二、五、六弦，真如"大弦嘈嘈如急雨，小弦切切如私语"，一首轻快的小调便欢畅地流淌出来了。连弹六根弦，一串串美妙之音绕梁，"嘈嘈切切错杂弹，大珠小珠落玉盘"。记当初，初次与你见面的我，无意间触动了一根琴弦，心中便充满了喜爱之情。未曾想，你的声音竟如此动听。我便开始持之以恒，闲暇时总喜欢抱你弹奏一曲，多么爱你。

　　早已熟谱的我轻轻地把手放在你的颈上，颈中的品，个个好似你多样的歌声。先用左手两指轻轻按下一品，然后右手拨动弦；又交替至下一品，再拨动一弦。行云流水般的音乐装满了安静的小屋。啊！那华丽的乐章，仿佛作者与我促膝而谈，倾诉他的人生经历；又好似轻柔的云朵，将我载至九天之上聆听天籁之音；又好像踏入了森林，感受小溪的歌声。手指灵活的跳动，你弹奏出变幻无穷的音乐，时而婉转，时而豪放，时而低沉，时而高调。记当初，刚学会第一首小曲，便如痴如醉地抱着你轻弹，嘴中也随之哼唱。从此，我便开始专心苦练，让一首又一首的乐曲在空中回荡。我只是十分感谢你，你好似我的挚友，多么爱你。

一曲终罢，能消除疲劳的你的歌声，拂过我颊。小心翼翼地放下你，轻轻地把你放回书架。

城市的夜仍在喧嚣，只是多了一份音乐。没想到，我会如此爱你，我的那把木吉他。

076

点亮心灵的灯

李 希

巷子里不知什么时候搬来了一个绿色的大箱子。

我百思不得其解：那是什么？唯有一次茶余饭后，父母亲提及之时，才明白那是"希望工程"，是把各家不要的旧衣物捐出去给那些贫困山区的孩子们的。

从那以后我路过都不忘看一眼它，心里又生出疑惑：会不会有人捐呢？后来，我看见淘气的孩子会踮起脚尖打开投箱口趴在那里望着里面看；青少年则是停下来看了一会儿那箱子上的字；大人们则无视它，看也不看一眼就走了。所以它也就这样淹没在熙熙攘攘的人群里。

一日，我在巷子里散步，毒辣的太阳把小巷照的亮了起来。这是极好的天气，几个老人搬着板凳，拿着蒲扇，躲在树荫下乘凉，孩子们不顾炎热，穿着拖鞋在巷子里嬉闹，笑声响彻云霄。

我不经意的一瞥，目光又落在了那箱子上——它依旧伫立在那儿，我心里想道：许是不会有人捐了吧。

突然，一个老人步履蹒跚地提着一个麻袋走了过来，吃力地将那个麻袋放到了箱子前。

我仔细地打量了一下老人：他面黄肌瘦，整个人像极了一块干腌的果脯，蓬乱的头发，紫红的嘴唇，还有一双无精打采的眼睛，一身打满了补丁的素布衣裳。

只见他打开了麻袋，再从麻袋中拿出了几个破旧的袋子，把一些衣物和鞋子等分类好，装进不同的袋子里，接着将袋口扎紧，一只手打开了投箱口，再小心翼翼地把东西放进去，轻轻关上箱门，嘴角抿起一丝微笑。

馨软的微风吹过来，带来几丝凉意。那个老人默默地把空麻袋叠了起来，转过身去，走了，他的背影渐渐消失在小巷的尽头，头顶着一抹曙光。

那一刻，他点亮了我心灵的灯。

成长，不远，也不近

——读《亲爱的陌生人》有感

何丽轩

"嘶——"终于在茧上开了一个小洞。你看那茧里的小小生灵，不甘心地扭动着，挣扎着。在茫茫黑暗中，汗水一定蛰疼了它的双眼，痛苦一定折磨着它的内心。它迷茫过，却终是为了前方的光明，受着身体被挤压的痛楚，破茧而出！这不正像成长的过程吗？我们受着心灵的历练，不知不觉中，已然慢慢成长。

初读这本书，只是浅薄地以为，它是个关于二胎的故事。再读这本书，我却仿佛在叶今一身上看到了昔日的自己。

面对自己即将有个弟弟的无情事实，叶今一是迷茫的；面对奶奶对妈妈的过分保护，甚至对自己出言嘲讽的日子，叶今一是痛苦的；面对自己扭伤了脚后，还责骂自己的奶奶，叶今一的小宇宙终于爆发了，她的回答呛得奶奶哑口无言；甚至，任性地选择了离家出走。家人对她的不理解，对弟弟的过分期待，让她向来充实的幸福感受到了危机。她像一头倔强的小兽，骄傲地伤害着自己，也伤害着家人。

泪眼蒙眬地读着这本书，透过在阳光里起舞的灰尘，想起那个在成长路上跌跌撞撞的自己。和叶今一一样，我也有一个弟弟。而我习惯了以自我为中心，孤傲地活在自己的世界里，不顾爸爸妈妈失望的眼神，任性地成长着。记不清是哪一次，饥肠辘辘地回到家，却没有闻到熟悉的饭菜香。仍记得，我不满地摔下书包，对着为弟弟的哭闹劳心劳神的妈妈吼了一嗓子，又对着哭闹不停的弟弟大吼大叫。妈妈睁眼盯了我一会儿，没有骂我，却慢慢地转身，不再理我。而我却因为那一眼，怀着满肚子的气，郁闷了一下午。因为我看到，妈妈的眼神里有愤怒，有抱歉，但更多的是失望。

最后的最后，我和叶今一都妥协了。不是为了所谓老师苦口婆心的训诫，不是为了所谓的"青春叛逆期"，而是为了那个渐渐温柔，克制，体贴，在岁月静好中慢慢成长的自己。叶今一慢慢看到了一直以来，家人从未缺席的关爱，她开始期待"叶今二"的到来，会体谅爸爸妈妈奶奶，会争着照顾"叶今二"。而我，面对爸爸妈妈日益苍老的面容，我也会心疼，会努力做个合格的姐姐，和一家人一起分担一切。我和叶今一，我们，都在成长的路上，渐行渐远。

成长，不远，也不近，更重要的是，我们都懂了，自己正在成长。合上书，让阳光亲吻着微微酸痛的眼睛，我想，自己已经冥冥之中懂得了什么。

您是我心中的"启明星"

纪子薇

您常说："书是心中的启明星，书是通向彼岸的帆船，书是智慧的钥匙。"

我说："老师是人生的向导。"假如我是一片小舟，您就是引领我驶向彼岸的舵手，是您用渊博的学识与宽广的胸怀，开启我心中远大的理想。

已过多年，那件事时常在我脑海中浮现，时刻让我敲响警钟。那时的我上四年级，下课铃声响起，女生们蜂拥似地聚在一起，窃窃私语，并发出刺耳的嘲笑声。我意识到，她们将我孤立了。原来那天，有位女同学作业没做，被我发现后，我犹豫一会儿，终于鼓足勇气告诉老师。那位女生就因此事，怂恿大家别跟我玩。当时，我内心被掏空似的，手心冒汗，六神无主。在洗手间，我情不自禁地哭了，暗暗怪自己：哭有什么用，没志气！突然，有人轻轻地拍了我的肩膀，温柔地说："别难过，有什么委屈可以告我。"

我猛地一扭头，发现竟是语文老师。我赶紧悄悄地抹去眼角的泪花，强装笑颜："没什么。"我避开了老师真诚的眼神。"不，你的眼神告诉我，肯定有事！"

那天的您，穿着白裙子，像天使一样美。老师将我领到办公室，端来一杯水递到我面前："是不是因为刚才那件事？"我低头默认。老师仿佛会读心术一般，说："孩子，这样的朋友不交也罢！"

我茅塞顿开，呵呵地笑着说："感谢老师的开导！"我再也没理那些女生的嘲笑，后来也结交了许多朋友。"春蚕到死丝方尽，蜡炬成灰泪始干。"因为有了老师的教诲，才让我拨开层层迷雾，不断地上进与成长！

您用辛勤的汗水，浇灌着我们，将幼苗辛苦哺育着，您将光芒撒向大地，为我们描绘多彩缤纷的世界。

每一朵花儿都有您挥洒的汗水，每一朵花儿都印着您欣慰的笑容，每一朵花儿都珍藏着您忙碌的身影。

您是我心中的"启明星"，照着我乘风破浪，驶向彼岸！

我心中的北斗星

林洁霓

　　她，澄澈的目光中闪烁着自信；她，动人的谈吐中散发着热情；她，甜美的微笑中流露着真诚。她，看似平凡，确是一位对教育事业有着远大抱负的人民教师！她，是我心中的北斗星，指引我前进的方向，她就是陈丽金老师。

　　第一次见她于三尺讲台之上，正用干净嘹亮的嗓音做自我介绍。语调轻柔，一股暖流流入我们的心田，如沐春风般的舒畅，声音平缓，却又隐隐透露出一种教师独有的威严。那个时候，她说："学好语文并非一朝一夕的事，要不断地积累……从今往后，便让我们一起努力，一起学好语文。"这些话也成为我日后学习的目标。

　　渐渐地，和老师接触的时间多了，我发现陈老师的课生动有趣，再加上她娓娓动听的讲解，抛出一个又一个问题，容不得你思想开小差。全班同学也会像打了兴奋剂似的，争先恐后地举起手，有的同学恨不得将手举到老师的眼皮子底下，同时提出自己的问题。陈老师总是非常耐心地为同学们答疑解惑，并且点评每一个答案，不放过任何一个细节。

　　如若真有人敢开小差，陈老师一个眼神扫过去，好像能把人的外表看穿，知道你的内心世界。但她真生气起来时，"世界末日"就要

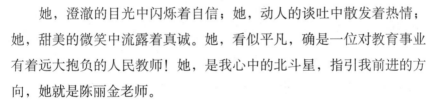

来了。不仅她的说话速度会加快，而且批评起人来句句切中要害，让你百口莫辩，只有低头听训的份儿。

　　就这样，一年多的时光过去了，运动会也再度来临。我的心情又陷入低谷，毕竟去年自己没能为班级争取到荣誉。讲台上，陈老师高声问道："今年运动会有谁自愿报名参加？"台下一片寂静，"没人吗？唉！"陈老师叹了口气。忽然，陈老师睁着圆溜溜的大眼睛，问："洁霓今年要再参加吗？"我拼命地摇头。下课了，我跑到操场边的一个角落，坐下。忽然，后面闪过一个人影，是陈老师。"为什么不参加运动会？"是啊！为什么不去参加运动会呢？难道只是因为去年没为班级争取到荣誉？心底的一个小人儿脱口而出："才不是那样，是因为你怕，怕没获奖的同学们嘲笑你，孤立你……"不，不是那样的，我告诉自己。转过身，坚定地对陈老师说："我要参加，陈老师。"陈老师仿佛早已料道般，微微笑了笑。接下来的几天，我顶着烈阳在操场上挥洒着汗水，而陈老师，也一直陪在我的身边。

　　运动会如期而至，我将一切准备工作做好，站在赛道的边上，旁边是陈老师。陈老师快手地拍了一张照片，留下我一脸茫然。她笑着说："和未来的冠军先拍一张，否则一会儿就没机会了。"我释怀一笑，明白陈老师在为我减轻压力。"接下来是四百米比赛，请参赛选手就绪。"广播响起，我放松心情，向赛道走去。"喷"的一声，我抢先一步冲了出去。在第二圈跑一半的时候，体力开始有些不支。"加油，加油，洁霓加油……"耳旁响起陈老师为我加油呐喊的声音，不禁加快了脚步。十米，五米，两米，一米，到了！第一名！我接过陈老师手中的水，大口地喝了起来。陈老师站在一旁微笑着，我不禁想起前段时间陈老师一直在陪我训练，已经是疲惫不堪。可运动会来临之际，她依旧在为我们加油呐喊，为我们做后勤工作。而当我们取得第一名的好成绩时，她却只是微微一笑。

　　转眼，又半年过去了，教室中已没有陈老师的身影了，她因休产假离开了我们。回想当时，陈老师向我们宣布休假时，班里的同学个个泪眼模糊，都舍不得陈老师的离开。

如今，我已上七年级了，可我始终还是无法忘记那忙碌的背影，那温暖贴心的话语，更无法忘记那为我指引方向的恩师。她，就是我心中的北斗星。

我 的 老 师

李莹莹

龟裂的岩石表层，那是岁月留下的痕迹。让人感叹，让人惋惜，无数次致命性的暴雨在侵蚀着内心强大的岩石。它见证了历史的沧桑，尝尽了水深火热的痛苦生活。然而，阳光总是那样短暂，如昙花一现般的稍纵即逝。就像，我的老师，勤恳一生，鞠躬尽瘁，生命却被病魔永远地吞噬了。

光阴飞逝，心里的思念却似乎变成了习惯。我时常想，那是一位怎样的老师呢？

深陷的双眼已然浑浊，却时不时地散发着智慧而幽默的光芒。满头银发让你生畏，如同原本鲜嫩青绿的小草却遭到害虫的侵蚀，早已变得枯焦脆弱，又让人寒心。微微紧皱的眉头上方完美地书写了一段传奇的人生。神奇的"三"字却也似乎暗含着某种有待开发的奥秘。挺直的鼻梁似珠穆朗玛峰神奇的屹立在好比黄土高原般坎坷不断的脸上。也许这造就了一处完美的自然奇观吧！

再看看老师的双手。一条条青筋好比一条条汹涌的大动脉穿梭在"祖国的万里疆土"上。岁月的沧桑完完全全烙印在这位饱经风霜的老人身上。如枯柴一般，一层又一层的老茧，完全呈现在上面。一双饱经风雨侵蚀的手，历经人间疾苦的手，尝尽人间冷暖的手……在他执教至生命终结的生涯，是一次简单却富有生命意义的历程。流水般的岁月，无情地在他那"千沟万壑"的手背上，留下时光的印记……但是，欢歌笑语永远都回响在他的耳畔，因为他坚信"阳光总在风雨后"！

尽管岁月的浮尘不断地被历史冲刷，而"老师"，这两个字从心底呼唤出来，是多么亲切啊！他们把最美的微笑留给我们，把自己的辛苦抛之脑后，并给我们以人生最大的鼓励和教诲，使我们面对挫折能够以最饱满的心态去战胜它！

春蚕到死丝方尽，蜡炬成灰泪始干！

岁月如歌，曼妙悠扬，浓情如花，芬芳永驻！绵长的情义，与时光同在！

抬头看雪花烂漫

温知寒

南国的故乡没有雪，而我的记忆中也没有雪……

而如今，我却有了这份灿烂的记忆。是你，是你给了我这份灿烂，是你引领我走进鲁迅口中的《雪》，是你让我拥有了惊喜！你总说：只要愿意守候，生命就会有奇迹。如今我当真收获了奇迹，抬头看，雪花烂漫！

你是园丁，一生只为小心地培育祖国的花朵；你是船夫，一生却不知疲倦地为学生渡船；你是启明星，一生都在为学生指明前行的方向……在温暖得不会下雪的春天，我知道你是那个培苗的人，而我就是那树苗。你将光和热洒在那间教室里，我便在教室里躲风避雨。

几年的风里来雨里去，是你的春风化雨温暖了我。难忘第一次的你，为我颁奖时鼓舞的眼神；难忘第一次的你，在灯光下俯身改作业的身影；难忘第一次的我，看到你将我的文字变成一排排铅字时的喜悦；难忘第一次的我，看到你悄然出现华发时的震撼。我们之间的故事，许许多多的"第一次"，数不完道不尽。没有英雄传奇般的气壮山河，有的只是那份真挚。就像雪，虽然给我们带来严寒的世界，但只要焐在手心，热情亦可温暖真心。

"桃李不言"，是因为感恩言谢不尽。而你亦不言，只因为你的信念坚定不移。你只是默默地站在七尺讲台上，为我们讲述历史的恢宏，时光的如歌，生命的精彩。你只是在没有金戈铁马的日子里为我们演绎激情燃烧的岁月。你只是固守这片土地，青灯漫卷，把爱奉献……

你只要毕业照上小小的一隅，只要我们在生命的空隙中偶尔想起你；你只是时常看着一片片桃李蔚然；你只是轻拈一缕春风，便嗅得满园清香……

"长大后我便成了你，才知道那间教室放飞的是希望，而守巢的总是你。"我是迁徙的候鸟，永远成不了照亮教室的那片雪花，而你却守巢等我归来——

抬头看，雪花烂漫！

最美的太阳

黄卉颖

暖风，浮云。碧水，蓝天。

每个人心中都有一个太阳，在那阴暗狭小的心里，有一束阳光温暖地照耀着我们。妈妈，您就是我心中的太阳，美丽而又温暖。在我失落时，洒下一束关爱的阳光；在我悲伤时，开启一片温暖的晴空。

依稀记得，在我熟睡后，您总会给我轻轻盖好被子；厨房里，总有你忙活的身影；耳畔边，总响起您唠叨的话语 "过马路小心着点！" "中午要快点回来吃饭。" 您的话很轻很柔，像若有若无，似真似幻的一阵暖风，不停抚弄着我的思绪。这些，无一不让我感动。我知道，妈妈是爱我的。

还记得那次，狂风咆哮，电闪雷鸣。窗户 "噼里啪啦" 的响个不停。那时候，我还小，大概五岁吧，家里只有我一个人，您外出了，当我哭着打电话给您时，雷声轰响，吓得我哭得更厉害，只听见您说了一句 "我马上回来。" 窗户上印着雷雨的光亮，活脱脱得一幅可怕景象出来了，我吓得蜷缩在墙角。突然门开了，您冲了进来，紧紧地抱住我，还喃喃地说："对不起，让你受惊了，都怪妈妈不好。"我看到您的衣服都湿了，后来才知道您那时没带伞，就在路边躲雨，哪知您一接到电话后就直接冲了回来。

直至今日，我永远都不会忘记那一刻，您为了我，不顾一切。直至今日，我才明白，我对您的重要。母亲，您可曾想过，我对您的感激之情会到怎样的地步？母亲，您可曾想过，对我要一些抚养的报酬？那一次的事情，您抱住我的那一刻，就像一束阳光温暖了我冰冷的心，让我不再彷徨，不再迷茫。

只是一缕内心的责任感，只是一种坚守的信念，但无一不让我感动。其实不需要任何理由，这份爱就如此质朴而坚定。

什么"落红不是无情物，化作春泥更护花。" 什么"随风潜入夜，润物细无声。"您是老师，对学生来说自然如此，但对我来说，就是"谁言寸草心，报得三春晖。"妈妈，我要用什么来报答您呢？

十几年来，我只在心里默默地感激着您，记住您对我的好。妈妈，你可听到我内心的呼喊——妈妈，您就是我心中最美的太阳！

在我沮丧时及时回到我的身边，就像真正的太阳，当人们需要阳光时，重新回到东边。我就像是需要阳光的禾苗，您就像是滋润禾苗的太阳。您为我做的，都是最神圣最值得敬佩的感动。

在无边的黑暗中，有那么一束阳光，缓缓升起，散发出迷人的光亮。那就是您——温暖的太阳，总在失意中给我一缕希望的曙光。

美丽而又温暖的太阳，母亲。大爱无言，大恩无声，您就是我心中最美的太阳。

阳光还在照射着我，有点儿轻、有点儿柔……

您是我错过的月

余颖悠

金秋九月，初识

九月的天空，永远是那么纯净。几丝云，宁静而安详。来到新的学校，我心中忐忑不安，生怕老师不喜欢我。母亲将我领到二年（1）班的门口，我见到了您。右手捧着语文书，正在绘声绘色地讲课。见到我与母亲的到来，您温和地对我笑着，我心中的忐忑消散了不少。风吹过发梢，吹过脸庞。您低下身子问我："你叫什么名字啊？"我认真地回答了您的问题，您摸了摸我的头，我的心一下子平静了下来。

阳光不燥，微风正好

许是我们上辈子就有缘分吧，您好像格外偏爱我。一次次的提问，一声声的赞赏，逐渐升高的班干部职位和越来越多的比赛名额。我至今还记得第一次参加比赛的情景。那天，有位老师过来找您，您站在门口与那位老师耳语了几句，便让我出去，我心中疑惑不已，不明白您葫芦里卖的是什么药。到了门外，您问我："你想不想参加书法比赛？""愿意！"我毫不犹豫地回答道。在老师的指导下，我的正楷得到了很大的提升。终于，我没有辜负您的期望，二等奖！依然记得成绩发布后，您是最开心的，也是笑得最灿烂的。您的笑容，深深地印在我心里。

您是我错过的月

老师，在所有学生中您最宠我，渐渐地，我变得肆无忌惮，目中无人，逐渐自高自大起来。您对我的改变痛心不已。那日，您将我叫到办公室去，语重心长地问我："颖悠啊，你最近到底怎么了？""没啊。"我轻描淡写。"你已经明显对学习失去了兴趣，以前你会将班级管理得井井有条，现在班级乱成一锅粥，你都视而不见。以前不管是什么事情，你都会全力以赴地去做，现在你连比赛都不想参加，这还是你吗？你当初学习的初心呢？以你现在的成绩进好的中学是很难的。"您本以为这些话可以唤醒迷茫的我，却不曾想，您的话使我对您更加不满。我心中暗暗想道：事情还没到最后一步，您怎么能直接下定论？我生硬地说道："我知道了，如果没其他事，我先走了。"说完，我头也不回地走出了办公室，却未曾转身看看您眼底的失望。

089

人，好像只有失去的时候，才会去珍惜。如今我已经有新的老师，可我的脑海中却满是您的回忆：您放弃午休的时间帮我辅导作文；您在寒冷的天气时提醒我多穿衣；您带着病给我们上课……可我却一直误会您，错怪您，一直都不理解您对我的苦心。老师啊老师，您就是那天空中柔和的月，我在仰望天空时却只看见星星的闪烁，不曾想好好欣赏您，等旭日东升时，我才记得您的好，老师，我悔啊！

人生没有如果

吴晓颖

时间不会重来，人生没有如果。与其悔不当初，不如珍惜现在。

总有些人在面对不尽人意的结果时选择逃避，他们的借口便是"如果我当初再努力一点儿，我肯定能做好"之类的话。但我的结果是"人生没有如果"。

对于我来说，如果越多，代表失败的就越多，而当你完全依赖如果时，基本上你与成功是分道扬镳，甚至是背道而驰的。

失败后，无论你有多后悔，这个结果也是不可逆转的，只因人生没有如果，你能做的只是从此刻起，不轻易放弃，不惧怕挑战，不害怕困难，勇于面对失败，总之就是四个字：不负初心。

昨天已经过去，为何还要在意；今天就在眼前，为何不努力。人只有向前看，才会进步。你可以改变未来，但不能改变过去。相信有未来，未来才会来。

那些依靠"如果论的人"，现在开始努力还来得及，只要你不再纠结于过去，脚踏实地地去拼搏，去奋斗。你的付出将会得到回报，你的人生将告别如果。

我将人生比作一条水泥路，路面坎坷不平。一个人不小心就会摔倒在地，但是摔了就是摔了，不能改变。如果你吸取了经验教训，就会在接下来的路加倍小心，使自己平安通过；但如果你一味地抱怨路的坎坷不平，抱怨自己的粗心大意，那你将原地踏步，并且重蹈覆辙。

人生没有如果，所以你必须告别过去，把握现在，坚持所坚持的，才能绽放生命的光彩！

探索无止境

——《真的有外星人吗》读后感

傅斌杰

暑假时，我读了中国科学院二十一世纪科著丛书——《真的有外星人吗》，深有感触。

这本书由"寻找外星人及另一个地球""认识我们居住的地球""南极和北极""地球的客人——陨石"这四个部分组成，作者用生动的语言，丰富的图片，为我们介绍了天文学的知识。

掩卷沉思，书中新奇的内容，独到的见解让我浮想联翩，意犹未尽。外星人是否存在？若是，那为何至今毫无踪迹？抑或者无确实证据证明它们一定存在？若否，那科学家在外太空检测到的疑似生命体又是什么？它们是外星人吗？地球是独一无二的吗？宇宙文明又是如何产生的？

这么多的疑惑，需要我们去探索。而这强烈的探索精神让我再次陷入沉思……

探索不仅是人类文明发展的动力，也是人们社会生活不可缺少的一部分，当今社会，有多少人缺乏这种精神？多少孩童买了玩具后依旧摸索它，而不是用了一段时间，腻了，便弃之不顾了？有多少学子碰见难题会选择一步步探索出属于自己的见解和方法，而不是想不出来，便觉得索然无味，抄一抄别人的便完事了？有多少成年人会保持对事业、生活的探索之心，而不是迫于生活压力，迷失了自我，失去探索之心，一直在原地踏步呢？

探索精神源自于好奇心。虽然有很多人拥有探索精神，但更多的人选择墨守成规，不敢跨越雷池半步。而这些人当中，就算尝试了，能坚持下去的更是少之又少，本书的作者林元章和赵复坦应该也是希望能激发起大家的好奇心，增强他们对科学的探索精神。兴许是生活太过安逸、简单，导致人生太过依赖别人的见解，逐渐淡忘了自己探索的重要与快乐。看完这本书，我回想起来了，对未知事物的好奇心便是我们不断探索的动力！

无形之中，我已悄然下定决心，要带着好奇心与探索精神，去认真看待学习、生活中的一切。学习上，全新的科目，未知的领域，我会全身心地探索，将其一一掌握，做一个与众不同的自己。生活中，种种的挫折，高高的壁垒，我会无止境地探索，将其一一跨越，走出一条独一无二的道路。虽然这看似遥不可及，但我坚信着，只要我努力探索，这些不可能将会变成可能！

左拉说过："生命的全部意义，在于无穷地探索尚未知道的东西。"没有探索精神，如何让科技进步，如何证明外星人的存在？没有探索精神，如何与时俱进，如何跟上全球发展的步伐？没有探索精神，如何改革创新，如何国富民强？

开拓者独辟蹊径，保守者因循守旧，探索者勇攀高峰，让我们带着好奇心，努力探索吧！

读《鲁滨孙漂流记》有感

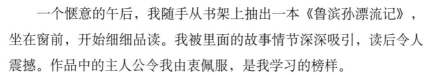

李　晴

一个惬意的午后，我随手从书架上抽出一本《鲁滨孙漂流记》，坐在窗前，开始细细品读。我被里面的故事情节深深吸引，读后令人震撼。作品中的主人公令我由衷佩服，是我学习的榜样。

鲁滨孙出生在商人家庭，他自幼喜欢航海，他瞒着父亲出海，可是船在途中遭遇到风暴触礁了，只有鲁滨孙幸存。鲁滨孙用桅杆做成的木筏把食物、衣服、枪支弹药、工具等运到岸上。鲁滨孙在小山下搭帐篷定居，用削尖的木桩围上一圈栅栏，挖山洞居住。靠捕猎动物填饱肚子，喝溪水解渴。

慢慢地，他开始在岛上种植麦子和稻子，自己制作木臼、木杵、筛子，加工面粉，做出面包。他还驯养山羊，制作陶器。一天，鲁滨孙发现岛上有野人举行过人肉宴的地方，他十分惊恐。过了几年，他发现野人带着两个俘虏，鲁滨孙用枪把野人打死，救下一个俘虏，并取名为"星期五"。

不久，一条英国船在岛附近停泊。船上发生叛乱，鲁滨孙帮助船长夺回了船只，船长带着鲁滨孙和星期五回到了英国。

文中鲁滨孙敢于行动、实践，即使流落荒岛也不自暴自弃，勇于克服困难，以乐观的态度在岛上生存。他心灵手巧，懂得积累经验，工具一个做得比一个先进。他富有不断探索的精神，不想在岛上苟且一生，他努力生存，创造了举世瞩目而辉煌传奇的一生。

荒岛上恶劣的生存条件并没有难倒鲁滨孙，孤独使他更加强大。再反观自己，遇见挫折，不敢勇于去面对它，只会一味地去躲避甚至自暴自弃；有了心事，父母帮自己分析，让自己不要介意，却把父母的好心理解成了父母不再疼爱自己；在学习上遇到"拦路虎"时，不会静下心来仔细想，只会把笔一丢，去问家长，自己在那里优哉游哉地玩，答案出来了，把答案一抄，哪管如何解答。和鲁滨孙比起来，哎！真是无地自容！太任性了。

鲁滨孙的动手操作能力很强，荒岛上没有任何工具，可他凭着自己的双手创造了各种劳动工具，虽然开始很简陋，但慢慢地，工艺也逐渐精细起来，荒岛成了他的"家"。看到这，让我惭愧不已，我的动手能力很差，不管做什么事，做完之后那个地方都是一片狼藉。写作业时，课本堆在桌上，杂乱无章；做饭时，水洒得遍地都是；做手工时，更不要说了，边角料满地都是。和鲁滨孙比起来，哎！我真是太马虎了。

《鲁滨孙漂流记》让我懂得了要做一个"行动派"，多动脑，多动手，遇到困难不退缩，要乐观向上，勇往直前，敢于挑战，做一个新世纪的好少年！

心静成就不平凡

——读《林良爷爷的三十封信》有感

傅 靖

　　"静"是中国传统文化中的一种最高境界。林良爷爷的第十一封信——《让心静下来》让我不禁想起一句话：心静成就不平凡。

　　欧阳修曾在《非非堂记》中写道："在乎人，耳司听、目司视，动则乱于聪明，其于静也，闻见必审；"诸葛亮在《诫子书》中写道："非淡泊无以明志，非宁静无以致远。""静"是人必不可少的一种境界，在学习上，我们需要它来思考；生活中，我们需要它来放松。当我们静下心来，才能达到最高的心境，去实现自己的理想，去成就属于我们的不平凡。

　　我喜欢捧着一本书坐在咖啡馆的一角，一坐就可以是一整天，倚在窗边，望着窗外明媚的春光，盼着那一抹红红的夕阳，窗外车水马龙可窗内又好似另一个世界带着一番恬静淡雅，悠然自在。我也喜欢在金色的黄昏下坐在公园的阶梯上，看着那波光粼粼的小溪，听着秋风拂过枝头的乐曲，品读着那些如丝丝清泉般的作品，在字里行间感受世态炎凉，在阵阵书香里品味人情冷暖。

　　但如果我们捧着一本书，心却不静，那再好的书也读不进去，

095

最美的太阳

更不用说领略书中的奥秘之处了。生活和学习这两本书亦是如此。其实，只有让心静下来，人的心灵和感官才能真正地放开，从而变得更加聪慧敏锐。心静是强求不来的，需要我们一点一点地去感去悟。

我也曾迷茫过。如果有一丝风吹草动，我的心就惊起一阵波澜；又好比蜡烛，一点儿的动静就让我摇摆不定。在当今，激烈的竞争，快节奏的生活，纷繁复杂的社会现象中，常常因为那看似美好的事物遮蔽了双眼。我也躲不过这双大手，深深的跌入其中一蹶不振。还记得在我浑浑噩噩的那段时间，曾闲来无事翻阅了新闻，醒目的标题吸引住了我《贝多芬的故事》。众人皆知贝多芬是一名伟大的音乐家，他虽然双耳失聪，但凭借着自己对音乐的喜爱一直创作着；每当他作曲时，总是让自己先静下心，认真地去感受音乐，他用音叉顶住下唇发音，直到下嘴唇都磨破了，还不懈地练习着，直到那举世闻名的《英雄交响曲》诞生了。他的行为和对音乐的热爱深深感触了我，他让我懂得了唯有心静，方能成功。

我渐渐褪去了浮躁，在艺术中修身养性，在游山玩水中领略祖国的大好河山来陶冶情操。我寻找着静下来的方法，就好似那林良爷爷的沙漏，静静地看、静静地等、静静地悟，我终于做到了，我终于领略到正如"妄消空山有风月，心静闹事无喧嚣"所言，心静才能心净，内心的平静或浮躁，决定了一生的道路。

让心静下来，感悟其中蕴含的生命的博大精深和光辉。将"静"化作定力做更好的自己，向着明天飞奔而去，去铸就属于我的不平凡。

陪　　伴

柳奕竹

陪伴，是一种温暖人心的力量；陪伴，是一种给人依靠的信赖；陪伴，更是打开孩子心扉之门的一把钥匙。

与此截然不同的是，今天我看到这样一幅漫画。一位小男孩儿哀求着爸爸妈妈希望能与他一起读童话故事，可他的爸爸妈妈却忘我地沉迷于手机的世界，他们便拿了一个平板硬塞到小男孩儿的手上，让孩子自己去玩，不要去打扰他们的"第二世界"。

生活中，也常听到这种事情。比如一则新闻里：一个小女孩儿的父母因为是低头族（手机族），对她不管不顾，使她渐渐患上抑郁症，而且越发的严重。最后这个小女孩儿在十一岁的时候，用跳楼的方式早早地结束了自己短暂的生命。她的父母得知后，悲痛欲绝、痛不欲生，整天以泪洗面，活在懊悔的世界中……

哈佛大学心理系的教授吉尔博特说过："十年以后，你会因为没有多陪孩子一小时而后悔"。

美国的前任总统奥巴马每天晚上都会与他自己的孩子交流一天的心得、一起沟通，如果遇到难题难事，也会帮他的孩子出谋划策。这难道不是一个称职的好父亲吗？

父母沉迷于手机的世界，同时也会把自己的孩子变成小低头族或让孩子失去爱。孩子的心灵之门也会随之"哐当"一声关闭了，性情变得孤僻……

　　不要因为手机，而遗忘了自己最重要的东西——家庭、亲情还有爱。多陪伴孩子吧！你在手机上收获的快乐，一定比在自己的孩子身边收获的要少得多——不要让孩子失去陪伴。

妈妈的手变了

李何瑜

098

　　在我的记忆里，有那么一双手，它贤惠，勤劳；有那么一双手，它美丽，光滑；有那么一双手，它忙碌，辛劳。这双手，就是妈妈的手。

　　我喜欢妈妈抚摸我。小的时候，妈妈用自己纤纤的右手轻柔地摸着我的背，哄我入睡。那种感觉，就像春风拂过，留下淡淡的睡意。

　　长大了一点儿，妈妈为我挠背。只要我被蚊子咬，身上肿红包的时候，妈妈就又心疼地用自己略带粗糙的手帮我抓痒。那种感觉，就像一排排海浪拍过，眼前有粼粼波光的美妙光影，像一排小牙齿咔嚓划过大块冰西瓜，像欢快的风掠过脸庞。

　　现在，妈妈不怎么给我挠背，也不怎么抚摸我了。有一次，我感冒伤风，妈妈就为我刮痧。趴在床上，她攥紧拳头，用力在我背上摩擦。虽然握紧了手，但我还是隐约感受到她手上干裂的痕迹。这时，我猛然发现，妈妈的手变了，往日的光滑、细嫩再也回不来了。刮完背，我小心地摊开了妈妈蘸满风油精的手，一个个茧子，一条条皱纹，如锋利的刀，刺痛了我的心。我挤出笑容，对妈妈说："现在，我为你捶背。"

……

老屋·外婆

李　希

穿过片片麦田，我随母亲来到了这个屋子前。屋檐上的瓦受尽了岁月的折磨，遍体鳞伤；细小的藤蔓也不知什么时候开出了娇艳欲滴的花；院子里时不时传来几声鸡叫，但那叫声也渐渐淡在空气里了……

我推开潮湿的木门，"吱呀……"这门也是破旧不堪。门口的几只鸡扑腾着翅膀，凶神恶煞地盯着我，连声尖叫。我全然不理会它们，只是径直走进了屋里。

屋里的一切还是没变呀，伤痕累累的火炉上依旧放着生了锈的水壶，那尊积满了灰的佛像依旧放在墙角，佛像前的香烛散发着幽香，那白烟弥漫了整间屋子。

"吱嘎……"我顺着声音的发源处望去，一个满头花白的老人躺在摇椅上，她用布满老茧的手握着根针，小心翼翼地缝着一双破了洞的袜子。

母亲放下手中的袋子："妈，不要缝了，那袜子破成这样，扔了吧。"外婆才反应过来："哦，你们回来了？瞧我，竟然才发现呀……"她突然又兴奋起来："你们刚从城里回来饿了吧？等着，我去给你们拿好吃的。"说着便停下缝纫，吃力地从摇椅上起身，步伐蹒跚地走向厨房去了。

过了一会儿，她就从厨房里端来了几碗长寿面，放在我们面前："你们自己吃吧，我吃完了。"说着她又进入了厨房。须臾，她捧着一个大瓷碗，用粗糙的手拿起一个鸭蛋，轻轻拨弄着，直到剥光了蛋壳才放进我们的碗里，边放边说："多吃点儿，虽然大城市好，可还是比不过自家的味道。"

夕阳西下，已是黄昏。

外婆又一次坐到窗前那只摇椅上，一丝不苟地缝着一双破洞的袜子，那袜子也是有年头的了，不知被缝了多少个补丁，静静地躺在外婆的手上。

"您为什么不把它扔了呢？"我终于还是忍不住问了。外婆好像丝毫不理会我的问题，只是身子微微摇动，震得摇椅直叫。半晌，她才直了直腰，慢吞吞地说："虽然这袜子破得不成样，但扔了也怪可惜的。"

我和老人家同时陷入了沉默，她竟是这样一个喜旧的人。不禁想起自己曾与她在这个屋子里嬉闹过，在夜朗星稀的夜里数过星星，在古老的墙砖上留过足迹。而这点点滴滴都刻在墙里和瓦里，任凭时光荏苒，消磨，淡去……

鸟儿伴着叫声回到了自己的巢，母亲看了看手上的表，对我说："走吧。"说着就走出了木门。我也想追上去，转头听见外婆沧桑的叫声，她不停叮嘱我："要听妈妈的话，不要不乖……"我也是连连答应。

"嘿！"远处的母亲站在汽车旁招手示意我过去，于是，我便向她跑去。

坐上车，我朝着屋子望去，那老屋披上了一层金纱，外婆的身影渐渐消失，透过片片麦田，我好像看见，一个老人，她那布满皱纹的脸上露出了久违的微笑……

爱，还要会爱

陈紫怡

爱，一份真挚而细腻的情感，是格外的温暖与幸福；学会了爱，被爱者才能触摸到这一切的可贵与美好。

——题记

阴暗低沉的天，也抑制了我的心情，我的心也充满了灰暗狂躁。凝视着桌上，一本本厚厚的书，快摞到"天花板"了。嘀嗒的钟声，记载着时间一分一秒地流逝。

夜，深了。

我紧握笔杆，写出一个个文字，背后的汗水也一颗一颗地冒了出来。手心，握出了汗；眼睛，略带血丝；脑子，昏沉空荡——感觉整个人也快虚脱，支撑不住了。

这时，一句含着慈爱的话语响出："孩子，来，补一下，喝杯'夜晚豆浆'吧！"话音刚落，妈妈端着热气腾腾的豆浆走到我身边来。然而，当她看到我的练习才完成一点点时，便变得"凶神"起来："你怎么才做了这一点，像乌龟一样拖拉！"我心里的气"腾"

地一下，也冒了出来，控制不了，不由自主地发起火："天天都是这些，口口声声说这是对我好，可到头来却没有什么意义！"

急性子的妈妈眉毛紧紧皱耸，眼睛瞪得老圆，眼神里充满一种不可名状的情感，似怒火中烧，令人发寒。她用力地将杯子往桌上一摔，气冲冲地甩上门，出去了。我知道我和妈妈又僵立了起来。

我对着天花板长吁了一口气，心中的怒火也随之消退了。桌上的豆浆倾倒下来，一滴滴白色顺桌角流下。我赶紧扶起，用纸擦干桌面。看着剩下的半杯豆浆，我的手竟不知不觉地握住杯，拿到面前品尝。

一丝细细的甜味，在这液体里酝酿；然而豆渣影响了这美食的感觉，没有之前的味道，温度也渐渐低了，不那么滑润爽口了。我热泪盈眶，也不懂得发生了什么，却似乎悟出了什么。

爱，不仅仅是关怀，或是逼着孩子做着一大堆练习，更不是简单的批评指责。只因一项练习就大发雷霆，妈妈，不要只以作业来对待我，不要只以成绩看待我。请以欣赏的眼光来看待你的孩子，用真正适合我的爱来爱我吧！

您手中的老茧，头发中的银丝，脸上的皱纹，我也数不清您为了我操碎了多少心。是的，从这里，我看得出您的爱，一种带着泪与苦的爱。但是，妈妈，您这样的爱对于我来说，或许是一种沉重的十字架，我竟然感到腻烦，有时甚至产生了一种怨恨。

所以，妈妈，我好想对您说："爱，还要会爱。真正的爱不是这样的，真的还要会爱！"

滴滴香浓，意犹未尽。豆浆除去了豆渣，似乎更美妙。这不也是代表着：爱，还要会爱！

草莓心田

　　阳光努力拨开铅灰的天空，照射进来，照在我的脸上。我如梦初醒，将草莓从口袋里取出，放进篮中，朝着"诚实的彼岸"奋力跑去……

爱 的 花 期

陈云静

　　早晨醒来，一束刺眼的光照在脸上，在这道刺眼的光中还夹杂着丝丝缕缕幽幽的花香，直钻入鼻中。

　　母亲爱花，可谓是花比命重。母亲在阳台种了许许多多的花儿。有茉莉、百合、山茶、小菊……还有我叫不出名讳的花儿。其中就有一盆花儿，在这百花争艳之中，唯独它没有开花。只有一大丛的叶子和一点花骨朵。我问母亲这是什么花？母亲却摇了摇头，说：当时只是觉得花香很特别，就买回来了。我闻言凑近闻了闻，真的，还未开花就有了香味。

　　过了一段时日，这盆花儿还没开花，只是香味一日比一日浓。但母亲却要外出工作，何时回来，暂未确定。然而就在母亲走后第二天，那盆花儿竟开了！花开的那日晨时，我嗅到了花香要比平时更浓，我仿佛心早有所知一般，移步来到阳台。越靠近阳台，花香越浓。这香味并不是茉莉那般淡香，也不似百合的幽香。真的是很特别的花香。竟有种思念的意味，我忽然想到在外工作的母亲，眼，不禁有些模糊。

　　我看见在那一团翠绿之中伸出三、四串白色的花儿。纯白的花儿小巧玲珑，很多朵很多朵紧紧地簇拥成一长串。花芯中的淡紫色往外

慢慢晕染开来，汇合成了白色。我盯着花儿的花芯，突然想到，那带有思念的香，一定是从这散发出来的吧。都说花香无形，可我此刻却明显感觉到自己被花香包裹了起来。

从花开之后，我把对母亲的思念寄托在了这盆花上，每日悉心照料，每日在花香中思着母亲，念着母亲早日回来。

终于，母亲回来了。我欣喜地把母亲拉入阳台，想给她看这盆令她心心念念的已经盛开的花儿。可是，映入眼帘的却是一盆凋零的花。白色的花瓣零乱地落在周边的土里。枝上，只有少许的花瓣还在摇晃着，欲坠不坠。我轻轻地嗅了一下，香味依旧不减。母亲却一脸惋惜：没想到它居然这么快的凋零了，闻着这味就知道这花盛开时多么漂亮。太可惜了。听着母亲的感叹，我心忽然想道：这花在母亲离开后绽放，在回来时却凋零了。是啊，母亲走了一整个花期。这香味在凋零时依旧不减，像极了我对母亲的思念。

我日日在花香中思念母亲，花香带上了我的思念，在此时，拥围着我和母亲。

那盆花，在思念中开花，在思念中凋零。凋零时，思念的人回来了。正可谓：

花开不同赏，花落不同悲。欲问相思处，花开花落时。

105

感恩有你

王　馨

从小，跟在您的身边牙牙学语；从小，牵着您的手在街边散步；从小，在您的怀抱里感受温暖。您就像我的大树，一直以来为我遮风挡雨，默默付出。

爷爷对我的爱并不是溺爱，我能从他的爱中学会许多。在我刚学会走路的那段期间，有一天，我自己出去玩。我走得摇摇晃晃，一不小心就被一颗石子绊倒了。这时爷爷看见了，却并没去扶我。而是在离我一米远的地方蹲下来，张开怀抱，目光深沉而坚定地投向我，鼓励我。不知怎么回事，我竟能自己站了起来。我看看脚上流血的伤口，吓得哇哇大哭起来。爷爷赶紧抱起我回家，帮我细心地处理伤口。很久以后，我再回忆起这件事，才明白，爷爷是要让我学会坚强。

上了小学以后，我只有每个周末才能回去和爷爷一起玩，不能常常见到爷爷。爷爷的工作繁忙，但是他从来不会忘记我的生日，每年生日都会陪我一起过。同学们过生日都会收到各种各样的礼物，我也不例外。但其实我最想要的是爷爷能一直陪在我身边，每天能听见爷爷的声音，看见爷爷的笑容就够了。

从我出生起，爷爷陪我走过了十二个春天，可是今年的暑假，无情的病魔将爷爷从我的身边带去另一个世界。从此，我的世界就像没有了阳光，小鸟失去了天空，鱼儿失去了大海，我只能在回忆和梦里见到爷爷的笑，可是每当我醒来，梦就消失不见了。我是多么想念小时候爷爷在一起的时光，现在对爷爷想说的话却只能写在纸上，因为爷爷再也无法听到我说的话。

爷爷，我很感谢您给我带来的一切。教会我第一句唐诗的，是您；教会我走路的，是您；我学会的第一个词，不是"妈妈"，不是"爸爸"，而是"爷爷"。

"树欲静而风不止，子欲养而亲不待。"爷爷，感谢您对我的爱，和您在一起的那段时光是我一生最快乐的日子。您一直在背后默默地为我付出，而我却等到您离开的时候才明白您的辛苦和不易，对不起，您在另一个世界一定要开心，我一定会一直把您对我的爱记在心里，永远都不会忘记的。

草莓心田

王至易

天空碧蓝，闲云惬意，一轮初阳从天上铺下一道金灿灿的瀑布，窗前缓缓飘起几缕炊烟，如缥缈虚无的银绸，也似狂舞的银蛇。风轻轻掠过，金色的光晕斜斜地射在窗棂上。我睁开惺忪的睡眼，打开与世隔绝的耳朵，钻出魂牵梦萦的被窝，用着朝气蓬勃的面庞，面对阳光，向草莓田进发。

到了草莓田，天气晴好，风轻云淡，晨光和煦，空气中弥漫着草莓的香气与雨露的清新。褐黄的土地上拱起一个个长梯形的土丘，土丘上架起了许多半圆形的木棍，外贴一层塑料薄膜，这便是种植草莓的大棚。放眼望去，土丘上镶嵌着一颗颗耀眼的"红宝石"和沁人心脾的"绿祖母"，在晨光中熠熠生辉。草莓沉甸甸地坠在四周，也点缀着这片神奇的土地。这呈饱满的心形果肉，顶部乳白，以下则是如血般的殷红，中间有序地布满略小于芝麻的小黄点儿。看着这诱人的品相，我咽了咽舌尖的口水。若是能立刻尝一口这香甜的滋味那该多好啊！终于，欲望战胜了理智。我环顾四周，确认无人后，迅速摘下一颗草莓往嘴里塞，随着唇齿的闭合，那酸甜的汁液顿时溢满了我的口腔，任香气在味蕾上飘荡，汁液在唇齿上流淌，也慢慢浸入我的心田。我抿了抿嘴，太好吃了！此时的我已浑然不顾园区的规定，把草莓偷偷塞进了口袋，一颗，两颗……口袋里填满了草莓。

忽而，铅灰的天空飘起了些许牛毛细雨，我加快步伐向电子计重处走去。

"孩子，这草莓称重后才可以吃哦。"

"为什么？"

"你不能让农民伯伯白忙活啊！"

我循声望去，是一对母女在交谈。

"我明白了！"小女孩儿稚气地点了点头。母女俩的对话直接有力地叩响了我的心房。

阳光努力拨开铅灰的天空，照射进来，照在我的脸上。我如梦初醒，将草莓从口袋里取出，放进篮中，朝着"诚实的彼岸"奋力跑去……

称重结算后，当我再次将草莓送入口中时，已然是另一番滋味，没有先前的酸，已全然是甜，溢满心田的甜……

童 年

林子阳

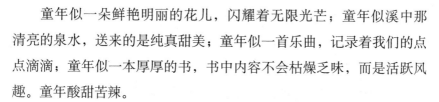

童年似一朵鲜艳明丽的花儿，闪耀着无限光芒；童年似溪中那清亮的泉水，送来的是纯真甜美；童年似一首乐曲，记录着我们的点点滴滴；童年似一本厚厚的书，书中内容不会枯燥乏味，而是活跃风趣。童年酸甜苦辣。

童年，这个词想必大家都十分熟悉，它是我们长大成人的必经之路。童年的岁月，给我们带来了欢声笑语，也带来了酸甜苦辣。童年犹可追，童心不常有。纯正的童心，只在真正的童年。童年是挥之不去的阳光；是无法遗留下的纪念；是再也寻不回的丝丝甜蜜。我认识了童年的短暂，懂得了童年的珍贵，要好好珍惜时间、珍惜童年。

那是夏天的夜晚，妈妈带我去公园散步。突然，我抬头看见悬挂在夜空中的一轮明月，便嚷嚷着："妈妈，妈妈，我要天上那个大饼，我要吃！""好孩子，那是月亮，不是大饼，也不能吃"妈妈亲切地对着我说。我甩着胳膊，哀求地说："不嘛，我就要。"于是妈妈语重心长地对我说："天上的月亮多美啊，谁不想要！但是如果把月亮摘下来了，那就只有白天，没有黑夜了，那我们还能安心睡觉吗？不能。""不嘛不嘛，我还是想要"我撒娇地说。妈妈不答应，于是我往月亮的方向跑，想把月亮摘下来。跑着跑着，被一幢大楼挡

109

草莓心田

了道，咦，月亮去哪里了？这时，妈妈从人群堆里挤了出来，二话没说，就抓着我的小手腕，把我领回了家。我不情愿地跟着妈妈，嘴里还嘟囔着："我要月亮，我要月亮……"

一到家，我便跑到卧室找爸爸，一进门，看见爸爸坐在椅子上看着报纸，我一不做二不休地扑到了爸爸的怀里，大声地说："爸爸，给我钱，我要去把天上的月亮买回家"爸爸被我搞得一头雾水，就问妈妈怎么回事。妈妈一五一十地把事情的经过陈述了一遍。爸爸一听，哈哈大笑，我茫然地看着爸爸。"阳，要不我给你画一个月亮吧，画好后，把它贴在墙上"。"好，双手赞同！"我高兴地一蹦三尺高。后来，爸爸给我讲了许多有关月亮的知识，我似懂非懂的听着，不过爸爸还给我讲了个神话故事——嫦娥奔月（有关月亮的都讲）。

现在回想起来，那时自己真够搞笑的。哈哈，这是我小时候发生的有趣的事，值得留恋的。当然还有更精彩的事呢！

童年是最绚烂的色彩，也是自己最美好的回忆。

蜂来袭，请注意

黄祯彦

"啊——有只蜜蜂！"一级警报，一级警报，蜂来袭，请注意！今天下午，不知从那个角落传来一阵尖叫，我们的神经高度紧张。

第一回合：小型蜂

循声望去，一只娇小型的蜜蜂从同学们头顶上掠过，一阵阵尖叫声此起彼伏。不行，它正向我们组逼近。"趴下！"我惊慌地大叫。我趴在课桌上，大气都不敢出，心跳加快，只见那只蜜蜂如同一位表演特技的飞行员，时而从这个同学身边掠过，时而在空中来个翻滚，时而扭动着黄黑相间的身躯，沿着S形线路飞来飞去，可把同学们吓得不轻。我同桌就是受害者之一，她目光呆滞，仿佛被吓昏了，喃喃道："天哪，那只蜜蜂刚刚……刚刚从我耳边飞过去了，我都听见它振动翅膀的'嗡嗡'声了！"过了好一会儿，那只蜜蜂好像玩累了，从窗缝里飞出去了。我长长地吁了一口气，心中的大石头终于落了地。

第二回合：中型蜂

我抹了抹胸口，惊魂未定，另一只中型"蜜蜂"又出现了，两对半黄半透明的翅膀，个头可比蜜蜂大多了，可能有蜻蜓那样大吧。真是一波未平一波又起呀！而这只蜜蜂的主要目标好像是我呀，"糟糕，我穿了一件满是印花的衣服呀！"我一拍脑门儿，"今天真是失策了！"咦，它好像把注意力转向了前面两位，前面的小段尖叫了一声，立马逃离座位，差点儿没有哭爹喊娘了。这时，那只蜜蜂却在小傅同学面前盘旋。他抄起了课本，这拍一下，那扇一下。最后那蜜蜂又落在了小李同学的笔帘上。我们的心随着同学的一惊一乍也上下跳动。这时，伊老师用语文试卷朝蜜蜂头上抄去，没想到那只中型蜂竟逃窜到小傅的椅子底下。他像被弹簧弹到似的，"噌"一下跳到椅子上。我想凑过去观察一下他的脸色，正惶恐恐恐着，那只蜜蜂竟无影无踪了，我们还处在高度恐慌中。

这种中型蜂应该是生活在地下的。有可能，我们这座教学楼的地下就是它曾经的家园，现在它们没了巢穴，就只好寄居在离我们很近的某一个地方了吧！伊老师猜测着。

蜂来袭，请注意。生活中，有几次这样的经历不是很好吗？它将成为我们成长道路上美妙的点缀。

不死的"小强"

陈佳琪

蟑螂，又名小强。这名字啊，还真是名副其实。

昨天晚上，我正睡意十足地在卫生间洗脸。呀！不好！一只小强映入我的眼帘。我害怕极了，想喊妈妈吧，可自己就像是被点了哑穴一样叫不出声来；想用拖鞋打死吧，脑补一下临死画面，于心不忍啊；想跑开吧，两条腿却像被钉子钉住似的，根本挪动不了半步。我眼珠子一转，用水冲！我的睡意马上全没了，说干就干！我用水勺将这坏东西引入一个盛水的水桶里，OK，我自以为大功告成了。没想到这家伙在水桶里悠闲地游泳呢！来个"如来神勺"，水桶里的水形成了一个漩涡，再来一个"翻江倒海"，有些水以争前恐后之势飞出水桶，嘻嘻，蟑螂这下应该晕死过去了吧！我正得意，却发现，蟑螂竟然悠然自得地荡漾着。这家伙，看来得用狠招了。我正踌躇着，一只虫子在我眼前掠过，我定睛一看，原来是那只蟑螂。太可恶了！眼看到手的蟑螂小命却又飞走了。

我只好使出狠招，操起水勺，向它抢去，只见蟑螂一躲一闪，几个来回下来，本人累得够呛，气喘吁吁，可蟑螂却像越战越勇的将军，高举旗帜，面对着我，似乎在向我宣战。

老虎不发威，你还当我是病猫呢！说时迟那时快，我趁它得意之空隙，以迅雷不及掩耳之势，抢起水勺，向它打去，一条小腿被我击中。我刚要得意，没想到它居然头也不回地飞走了，留下我一脸的愕然：难道一条腿对它来讲可有可无？难道蟑螂没有神经，所以没有痛觉？

后来上网查资料，才知道，蟑螂的历史有数亿年，而人只有几百万年；蟑螂在水下至少可以活上三十分钟；蟑螂爬的速度比人奔跑略慢，但是这不包括在垂直墙壁上爬的速度。在水中蟑螂如履平地，蟑螂甚至还长有翅膀可以飞翔；蟑螂的头断了后，身子和头仍可以分别活上好几天……天哪，如此强悍，暂且饶过它的小命，待我明日搬救兵前来……

113

黄莺和八哥

杨　可

森林里，有一只小黄莺，它的眼睛炯炯有神，身上的羽毛油光光的，可漂亮了！而且它唱歌好听的不得了！因此有许多鸟羡慕它，尤其是八哥。

有一天，八哥和黄莺在小树林中相遇了，八哥一见到黄莺就激动地说："偶像！你唱的歌太好听了！可我五音不全，唱歌总跑调，别的鸟儿一听都吓跑了。"说着说着，八哥羞愧地低下了头，黄莺见了，连忙说："八哥呀！每个人都有自己的长处，你的长处就是模仿别的动物的语言，等你学会别的动物的语言后，再把它们的故事告诉我们，那么我相信，在不久的将来，你会成为一名演说家。"

八哥听了黄莺的鼓励，信心倍增。早上，它飞过小树林，聆听小松鼠们亲密的谈话。中午，它飞过小河，倾听梅花鹿之间的交流。傍晚，它飞过灌木丛，听着狐狸们的言语。深夜，它侧耳听着虫儿们的夏夜歌曲。有时，它也飞进城市听听人类的话语。

日复一日，年复一年。在八哥坚持不懈的努力下，它终于成了一名演说家。还和黄莺一起上了鸟类春节晚会呢！

这个故事告诉我们，每个人都有自己的长处和短处，我们要懂得发现自己的长处，并且要扬长避短，就会成功。

114

○○后的味道

郑亦楠

一千个读者就有一千个哈姆雷特，千万个○○后就有千万种不同的味道。有的苦，有的涩，有的酸，有的甜。而我的味道却是"多元素"的。

——题记

学海无涯苦作舟"苦"

"十年寒窗苦读，一朝金榜题名。"学海苦读，日日夜夜，朝朝夕夕。大家匆匆忙忙地往前赶，在前面奔跑的人总记不起还在后面走路的人，争名次啊，考上好的学校啊……可能大家都太忙了吧，甚至连睡觉的幸福都可以不要了。那些拼命为学习而奋斗的人，用青春作赌注，让岁月作天平，可大家仍是不知疲倦地往前赶。童年本应该有的美好的梦，却早已化为泡影。没有比这更可惜的事了。花开花谢、风冷风暖，荏苒光阴在着不经意间逝去。学海无边，我乘着这芥小舟不知何去何从。

今朝有酒今朝醉"涩"

"明月几时有？把酒问青天。"月光皎洁，美酒醇香。微甜、微涩，举杯，问天地两苍茫。万物辗转，我想知道世间是不是非黑即白，挺身而出到底需要多么大的勇气；我想知道生活是不是非丑即美，助人为乐到底需要多么大的信赖；我想知道人生是不是非善即恶，摆脱困境到底需要多么大的努力。清风拂过，吹散了酒香，我饮了它杯风尘酿的酒。

万里来游还望远"酸"

"人生若只如初见，何事秋风悲画扇？"纵然林间的花儿曾是那么的娇美动人，也敌不过时光的流逝，终究还是落红满地。为何美好的事物都去得如此匆匆？悲哉，痛哉，唯有无奈。〇〇后的我也许没有七〇后的饱经风霜；没有八〇后的冷静淡然；也没有九〇后的多情执着，但我有一颗坦荡而固执的心。人生如戏；戏如人生。既要展望未来，又要怀恋时光。也许，十字开头的年龄都有着不为人知的孤单。人，总得越过越好。

柳暗花明又一村"甜"

"宝剑锋从磨砺出，梅花香自苦寒来。"朋友说"世界很大，出去看看吧！"我便放下手中琐屑，出来走走，风从冬天的胳肢窝里很抒情地溜出来。繁茂的树冠就像温柔的手臂，遮挡住了刺眼的阳光。但还是有几丝阳光悄悄地钻进了树叶间的缝隙，让地面看起来斑驳陆离。冬天的暖阳沐浴我们的心灵，朗诵我们的背影。这时，我可以漫步在林荫道间，嗅着花的清香，抚摸着叶子，凝望，徘徊，驻足停留。也许，人生需要一次说走就走的旅行，一本书，一幅画，一个知己，一路美景相伴，那是何等的痛快与自由。

就在这不知不觉中，尝不出的味道好似改变了一切。最初懵懂的我已变成真真正正、拥有灵魂的自己。"如果我的心是一朵莲花/正中擎出一支点亮的蜡/荧荧虽则单是那一剪光/我也要骄傲地捧出辉煌……"

苦、涩、酸、甜，滋味尝遍。蓦然回首，○○后的味道正在散发出迷人的香气，因为这样，人生的路才会越走越远。

116

百鸟引朝阳

林语澄

《百鸟引朝阳》是一首笛子独奏，原为唢呐奏曲，后改编而来。打开QQ音乐，点击《百鸟引朝阳》，我如痴如醉地听着，仿佛身临其境，也来到了这片森林——

森林里，天还未亮，一片寂静。这时，一声鸟叫唤醒了沉睡的森林。太阳被渐渐托起，刹那间，光洒满大地。

春天的早晨是美好的。花朵儿睡眼惺忪地张开了花瓣，那些卷起的叶子也松开迎接春光；蜜蜂一天的工作从这里开始了；巢穴的小动物们也睡足了，正赶忙外出收集食物。森林里开始热闹起来。

一只白头翁长鸣一声，它像一位领导者，发出号令，唤出了许多鸟儿。你瞧，一群小燕像是排着队般来到汩汩的溪流梳洗毛发。他们用嘴巴小心翼翼地整理着自己身上的羽毛，仿佛在整理一件最心爱的衣服。居住在树丛里的斑鸠醒了，它叫醒自己的妻儿出门散个步，多么美满的家庭啊！悬崖边的老鹰给自己打了个招呼，嘿！新的一天又来了！然后走出门，开始新一天的生活。山鸡抖了抖自己的羽毛，满意地赞扬几声，如一位神气的军人，昂首挺胸，大踏步地走出门，一一去拜访朋友。野鹤伸伸腰，伸伸腿跟门口的树，跟门口的花都一一打了个招呼，就飞走了。黄莺梳洗完毕后，高歌一曲，练练自己的歌喉，森林里回荡着它如天籁般的歌声。之后它又扑打翅膀，飞到安静的地方，陶醉在自己的世界。喂，喜鹊，又发现了哪家的喜事在和大家分享吧？芙蓉一醒来就叽叽喳喳讲个不停，这可爱的小黄嘴！布谷对着山谷喊着"布谷，布谷——"，山谷也回应着"布谷，布谷——"这个游戏可以供它玩一整天。

森林热闹起来，演唱团开放了。领唱的白头翁领着众鸟一起唱，众鸟就跟着唱，一会儿齐唱，一会儿二重唱，这里一声"嘀哩嘀哩"，那里一声"叽啾叽啾"，好不欢快。

如果你有空，不妨听一听《百鸟引朝阳》，你也会如痴如醉。

劳动，不亦乐乎

林恬恬

俗话说："劳动最光荣。"因为光荣，所以快乐。的确，我的亲身经历告诉我，劳动可以给我们带来无穷的乐趣，会让我们获得发自内心的快乐。

星期天早晨，我优哉游哉地坐在餐桌前，津津有味地吃着美味的早餐。而我们家的"女主人"——妈妈则像个陀螺一样转来转去，忙来忙去！还自带背景音乐"今天是个好日子，心想的事儿都能成……"你瞧，她多能干呀！这张桌子脏了，擦！那个碗油腻腻的，洗！角落里有几根头发，扫！……电视机、冰箱、地板等一系列的家居用品在妈妈的"妙手"下变得干干净净的，用手一抹，没有一丝灰尘。

突然，那欢快的背景音乐戛然而止，取而代之的是一声大吼："林恬恬，你给我过来！"我吓得气都不敢出，循着声音一路小跑，居然跑到了我的房间里。伴随着浓浓的火药味，妈妈的吼叫声爆炸开来："你看看，你的房间像个什么样子！简直成了'猫窝'了！你今天必须给我整理干净！"妈妈丢下一屋子的火药味，潇洒地走了，我望着满是垃圾的房间，发起愁来……

事不宜迟，我得马上行动起来！不就是个'猫窝'嘛，我就不信我收拾不好它！于是，我提来一桶水，小心翼翼地放在门口，不知不觉就学着妈妈的样子哼起歌来："今天是个好日子，心想的事儿都能成……"歌声中，桌子上的垃圾都被我赶到垃圾桶里去了；书本们在书架上按照从高到矮的顺序排起了整齐的队伍；抹布在我的指挥下跳进桶里，浸湿、拧干，把桌子擦得一尘不染；床头柜里原本杂乱无章的东西也悄悄地各就各位了……哈哈，差点忘了，那个大胖子被子，你以为你缩成一团，我就看不见你吗？快点给我起来！咦，你的怀里怎么还藏着几件衣服呢？赶紧，把衣服送回衣柜里，再把你这个大胖子整成豆腐块，这还差不多！咦，地板大哥怎么哭了？你别急呀，我这就去拿拖把，我保证会把你的脸擦干净的……看着原本杂乱无章的房间，在自己的辛勤劳动下越来越干净，我心里美滋滋的。

晚上，妈妈来检查我的房间，我心惊胆战，生怕出现什么纰漏。没想到，妈妈检查过后，转身表扬了我："没想到啊，我的小恬恬居然还是个劳动高手呀！"我得意地说："那是，也不看看你女儿是谁！""哈哈哈……"快乐的气氛弥漫在空中……

119

夹豆子比赛

王曾琦

星期二下午，从六年（6）班传来阵阵"加油"声，这是在干什么呢？原来我们正在举行夹豆子比赛。

第二节上课时，只见郑老师拿着碗、盘子、筷子、黄豆走了进来，我不禁暗暗欢喜：郑老师肯定又要搞什么活动了！果然，郑老师发话了："同学们，今天下午我们举行夹豆子比赛。比赛规则很简单，就是把碗里的黄豆用筷子夹进盘子里，一分钟之内谁盘子里的黄豆多，谁就是胜利者。不过有个要求，必须用左手夹。有个人冠军，也有团体冠军。男生、女生各派出四名选手参加比赛。如果女生们总分超过男生，女生就是团体冠军。"听到这里，全班立刻欢呼起来。

很快，精彩的第一、二轮比赛结束了。现在由第三轮比赛的选手蔡仕杰和郑佳慧进行对决。"预备——开始！"郑老师一声令下，紧张激烈的比赛开始了。只见蔡仕杰那肉嘟嘟的手紧紧地握住筷子，灵活迅速地夹着豆子。他那双手好像很有魔力似的，黄豆们都一个个往他筷子里蹦。一颗，两颗，三颗，四颗……蔡仕杰盘子里的黄豆越来越多，他还抽空飞快地瞟了一眼佳惠的盘子，看到她那寥寥无几的黄豆，便放下了心。而佳惠的处境则完全不同。她的手因为太过紧张而抖个不停，那讨厌的筷子像淘气的孩子一样一直躲着她。佳惠皱着眉头，都快哭出来了。有的女生赶紧鼓励她："加油！佳惠！"有的女生则安慰她："不要急，慢慢来。"还有的女生恨不得握住佳惠的手和她一起夹……男生们看胜利在望，个个脸上笑开了花。最终，蔡仕杰赢过了佳惠……紧张激烈的第四轮比赛也很快过去了。比赛结束，蔡仕杰成了个人冠军，男生总分比女生总分多四分而成了团体冠军。

在女生的叹息声中，在男生的欢呼声中，我们班第一届"夹豆子比赛"圆满结束了。

120

用爱心传递正能量

林嘉浩

我怀着期待的心情读完了《拇指班长之装在耳朵上的雷达》这本书，合上书本，浑身都充满了正能量。

这本书中主要讲：孔东东和孔西西得到了传说耳环后，以声音为线索，做了许多好事。护送迷路的老奶奶回家，指引解不开应用题的小学生找到了思路，帮助小婴儿安然入睡……

孔东东和孔西西那颗金子般的童心深深地打动了我。我不由地想起我们的现实生活中也有许多这样的人。比如前段时间刚刚去世的爱心老人——曾德梅。曾德梅爷爷在退休后的十几年光阴里，走遍了仙游十八个乡镇，行程近十万公里，先后募集助学款三千八百万元，使两万多名贫困生圆了上学梦。

121

"六十退休志不休，丹心奋起重开头，弘扬助学做贡献，余热生辉花更红。"这是曾爷爷在八十岁高龄时写下的一首白勉诗。作为一名耄耋老人，尚且有如此的雄心壮志。而作为祖国建设接班人的我们，理应接过曾爷爷手里的爱心接力棒，传递正能量，时时处处将爱传承，让爱之花开遍大江南北。作为一名小学生，我们能做的可能微乎其微，但星星之火亦可燎原。

记得2016年暑假的一天，我随"海绵团"前往石苍乡回访，在路上已经听义工们介绍了此次要回访的几名学生的情况，我心生疑惑……

当走进受助学生的家，我愣住了，只见一个瘦小的女孩子端坐在一张椅子上写作业。当我看到这样的学习环境，看到她那认真执着的样子，此情此景，深深触动着我的心灵。当我看到受助者家长那饱含感激的眼神，我明白了原来爱有如此巨大的魔力！我与他们谈学习心得、谈理想，与他们结成了朋友，并约定追随曾爷爷的脚步，将爱传递，让正能量托起你我的信念，托起幸福的中国梦。

陌生人的温暖

卢义翔

122

温暖有许多种，亲人之间的温暖，朋友之间温暖，师生之间的温暖，还有人与动物之间的温暖……最难求的莫过于陌生人和陌生人之间的温暖！

一天，烈日当头，妈妈开着车来接我放学。打开了车门，我看见车上还坐着外婆和两个表妹。妈妈说："家里停电了，她们出来点外卖带回家吃。"说着说着，车开到了肯德基对面，妈妈提议进去坐一坐，我直叫好！两个表妹也欢呼雀跃地下了车。

因为天气炎热，我们迅速过了马路，来到了对面的人行道上。一位卖豆花的小贩挑着豆花走了过来。因为一家人都爱吃豆花，我们不假思索地直接买了几碗。

我一手牵着小表妹，一手端着豆花准备先去肯德基里面占座位。走到了门口我才意识到了一个问题，立马回头对妈妈大叫道："您快点呀！不然我怎么开门呢？话音刚落，耳旁就传来了一个温暖的声音：小妹妹，端好了，豆花要倒了，看着点儿，小心点儿！我这才回过神来，见到我手中的豆花碗已经往左边倾斜了一些。再倾斜一些，豆花就要倒出来了。我赶紧把碗摆正。此时，我才留意到我身旁的那个身影，是一位年轻的阿姨。她正紧张地盯着我手里的豆花，见我将碗摆正了，她才松了口气。继续说着她还未说完的话："小妹妹，你小心点儿，我帮你推门！"不知怎么的，这短短的一句话，我却感到有一股莫名的暖流涌进了我的身体，这种感觉既不陌生又不熟悉。我想：这大概就是陌生人之间的温暖吧！当这位年轻阿姨帮我推开门的那一刻，我感到有千言万语涌到嘴巴却又说不出来，咽不下去，最后只转化成了一句小声的、平淡的"谢谢"！

　　一句小声的"谢谢"也许她根本就没有听到。因为，她径直走向了肯德基点餐的柜台。我找了个位置坐了下来，细细品味着豆花，脑子里却不时地回旋着刚刚所发生的一切，抬头下意识地瞧了阿姨一眼，看着她的背影和柜员说话的表情，突然觉得她变得如此高大和美丽！妈妈回来了，我向妈妈说了刚刚所发生的事情，妈妈也点点头，表示对那位阿姨的赞赏。并教育我说："你要大声地跟阿姨说谢谢。"

　　至今回想起那件事，犹如还发生在昨天。陌生人之间的温暖由素昧平生的人而产生的，因此更弥足珍贵！

123

那最美的遇见

林子益

　　冬日跟爸爸在兰溪边晨跑，风像刀削在脸上。

　　"沙沙沙"，循声望去，不远处一团团火焰在跃动。我疾步走上去，遇见了他们：穿着如红领巾一样鲜艳的对襟马甲，胸前雪白的桃形爱心在跳动。他们有对准车身紧握喷水管的；有拿着抹布从上而下一丝不苟地擦洗车身的；有泡洗涤液的；有帮忙拉移水管的，个个精神抖擞，一点儿也不冷。瞧，那个戴着黄色鸭舌帽的大哥哥，非常专注，好像在擦拭一件价值连城的古董似的，小心翼翼地贴近车身，双眼像雷达扫描仪一样快速地扫着，手上的毛巾也跟着挪动；有时他对准车身弯下腰，哈一口气，车身亮丽如新。不一会儿，他直起身来微微一笑，整辆车焕然一新。

　　他绕着车子转了一圈，微笑着。也难怪，现代的年轻一族爱车胜过自己的老婆。上次，微信中不是有人买新车，说是迎娶新娘。可见这大哥爱车爱到极致。竟遇上了爱车狂，我悻悻地转过身准备离开。

　　"多谢，多谢，洗得锃亮，满意度一百……"只见一位穿休闲服的男士快步走过去握住那位大哥哥的手："感谢小哥，小小年纪就知行善，将来定是书写'大爱'的人。"说完，抽手从裤兜里掏出钱包，走向那鲜红的捐款箱。那位小哥腼腆地跟着，连声说："多谢你的善心，我的劳动是值得。"

噢，我不再一头雾水了，抬头看两树之间那面火红的旗帜上，"海绵团"几个字熠熠生辉。我知道这是海绵团在行动。我怦然心动，这是我今生最美的遇见。遇见海绵团，我仿佛看见了许多弱势群体得到关爱，许多贫困家庭得到救助，许多失学儿童重返校园。

我遇见我们学校的陈静老师，他报名参加海绵团，带自己上六年级的儿子一起走进园庄特困家庭。陈老师那一句动情的话，我未曾忘记，也不会忘记："看到姐弟俩的生活状况，我们的生活还有什么不满足的呢？我们当义不容辞去帮助他们。"

前不久，县城的许多角落都投放了绿色环保箱，投放旧衣物，旧衣物环保循环利用，大家传递正能量，奉献爱心，收获芬芳。上一周，学校成立"奋飞红领巾"志愿团，我积极报名参加。

海绵团——凝聚爱，释放爱，在我十一岁的成长历程上，您是我最美的遇见。

125

因为遇见你

郑昕洁

初　遇

初春，风乍起，吹皱一池春水。我倚在窗前，略微焦躁地翻着《宋词三百首》，似乎想努力体会那五味杂陈的古人情操，可几个世纪的距离，不是只需翻山越岭就能搭起沟通的桥梁。我轻叹，随手又一翻，一不小心看到了你的名字。

随意翻动的双手缓了下来，一目十行的目光慢了下来，眼里迸出一丝异样的火花，心沉静下来，一文一字，一句一点，勾画出你的倩影，春意浓浓的季节，与你便有了一场美丽的浪漫的邂逅。那一天，你便成了我印象中那个害羞的少女，"露浓花瘦"的清新印在我的脑海，"狂把青梅嗅"的少女模样镌刻在我心底。

相　知

谁不想与知己在心灵对话？我再一次在夏夜打开那微微泛黄的书卷，原以为你会一直薄纱遮面，伴随轻烟，一直做个朦朦胧胧的少女，可没想到，你一生命运多舛，如此无情。

命运的天平突然严重倾斜。他，带着你破碎的"执子之手，与子偕老"的愿望，化为一捧土，去了，冰冷地去了，一颗亮晶晶的东西摔在地上，分成四瓣，什么时候青丝中抽出几根银发？什么时候无力的脸庞更加苍白？无人诉说的悲痛，化为字里行间的忧郁。绿肥红瘦的院子里，少女独自坐在树下。望着对面空空的座位，本该是有人陪她饮茶对诗的啊，如今，他去了另一个世界。屋里是"寻寻觅觅，冷冷清清，凄凄惨惨戚戚"的悲凉，环境是"帘卷西风，人比黄花瘦"的寒冷，院里是"知否？知否？应是绿肥红瘦"的凄惨，你带着"才下眉头，却上心头"的愁意徜徉在我脑海里，怀着"只恐双溪舴艋舟，载不动许多愁"的哀叹，行走在我的梦境中。多少次，你以泪洗面，吟着"这次第，怎一个愁字了得"。浪漫的少女，总会屈服于残酷的现实，我在为你遗憾的过程中，渐渐相知。

了　解

深秋，小雨，张口吟到："梧桐更兼细雨，到黄昏点点滴滴"。你的诗句，早已烂熟于心，嘴角扬起浅笑，拿起诗集，我来看你了。我以为在你的世界里，除了浪漫羞涩就是忧郁凄冷，可是这次，你又让我震惊了！

淡黄的古书中记载着历史，记载着令我心弦颤动的往事，秀美的女子青衣高绾，在一叶扁舟上，仿佛下一秒就要被风吹到，弱不禁风。柔弱的双眼中，隐着一种难言的愤怒，眼波里闪过残破的山河，带血的刀，还有金人嚣张的面孔，腐败的社会，你张口吟道："生当作人杰，死亦为鬼雄"。看似羸弱的身躯，看似脆弱的心灵，竟能迸发出令男子汗颜的长啸！我热血沸腾，心，随着书本翻动的节奏，为你颤动！

唐宋元明清，那么多豪情壮志，年少轻狂；那么多人生悲叹，流离失望。茫茫人海中，蓦然回首，只是一眼看见你，真正的知己，我只有你，在我眼波，兀自成霜。

听一夜春风，读一夜春雨，独倚幽窗，手执书卷，浅诵低吟。李清照，遇见你，是我人生中越过世纪的幸运。

127

草莓心田

阅读之乐

刘闳中

阅读的方式很多很多：听家长讲故事，是一种阅读方式；自己翻书阅读也是一种阅读方式；听老师讲课，也是一种阅读方式……

在我三四岁时，妈妈便给我买一些诸如《幼儿画报》之类的幼儿科普故事书。每天晚上，当妈妈用尽千百种方法哄我上床睡觉，我仍然是精力旺盛时，妈妈就得拿出撒手锏："快点儿上床睡觉，不然就没有故事听了哦！"这时，我就会立马上床，乖乖地躺好，满脸期待的样子。看见我上床，妈妈才拿出故事书，抑扬顿挫地读了起来。我依偎在妈妈的怀里，津津有味地听着。听完几个故事，我就美美地进入梦乡。

又过了四五年，我上了小学。爸爸和妈妈商量着给我买《课堂内外》系列的作文书和数学书。我没事儿可干的时候，便拿来翻一翻。就这样，我渐渐地对书产生了更加浓厚的兴趣。我喜欢看《课堂内外》系列中的《创新作文》，里面的"吹牛大王"中有些浮夸的语句常让我哈哈大笑；我也喜欢想《课堂内外·低年级版》里面小编提出的那些刁钻古怪的问题；更喜欢问《智慧数学》里面的那些高年级的数学题。我还记得有一回，我看见了一个五年级的方程式，就问："这个'叉'（X）是个什么？"大家听了都笑了。

渐渐地，我长大了，喜欢看更多的书了。爸爸就又给我订了一个全新的系列：《爱科学》。我几乎每一天都要看《爱科学》，隔了几天不看就像缺了什么似的。这个系列的书里面讲了许许多多科学问题。这一次暑假旅行没有带上它，我真是后悔莫及。我也一直保持着对书的好奇心。我经常问爸爸妈妈："飞机是怎么上的天？书里边儿讲的我看不懂！""这书里面讲回旋镖飞出去还会再飞回来是真的吗？""听说印度人都信仰佛教，那么世界上真的有佛吗？"……我常常问得爸爸妈妈哑口无言。转眼间又到九月份了，我又问："爸，妈，都九月份了，咱订的书呢，怎么还没到？"……

这几年来，书一直陪伴我成长，阅读已经成了我生命之中的一部分，我深深地体会到了阅读之乐。

《我把精灵带回家》读后感

陈　钰

暑假期间，我读了一本有趣的书，这本书的书名叫做《我把精灵带回家》。这本书里面处处都充满了真实的爱，那一份纯洁的真善之美在这本书的每一个角落浓浓地流淌着。

这本书讲的是一位凡间女孩儿朱比比和住在一个叫精灵屋的小仙子朱迪亚的小故事。据说每一位小精灵的身上都会有一种叫魔法的神奇胶水。凡是被这种胶水粘住的人，都会是这位精灵的有缘之人。而这一天，朱比比却被椅子上涂的胶水，牢牢地粘住了。这使朱迪亚觉

草莓心田

得她和朱比比很有缘分。渐渐地，朱迪亚就成天跟着朱比比，成了她的"小尾巴"，连上个厕所，也要在旁边站岗。当我读到朱迪亚成了朱比比的"小尾巴"时，我的嘴巴，顿时咧开一笑，觉得她俩的相遇十分有趣。

当朱迪亚听说了朱比比的不幸之后，准备用魔法让她的爸爸妈妈破镜重圆，靠着她俩的合作，回放了爸爸妈妈最美好的情景，使爸爸妈妈的关系一点一点地好了起来。

但在其中，令我最感动的部分是她俩的一次争吵后，朱迪亚神秘失踪了，可是朱比比并没有选择放弃与她争吵的挚友，而是竭尽全力寻找她。最后在老精灵爷爷的指导，在北海的渔村，朱比比历尽千辛万苦救出了朱迪亚。

通过这本书，我感受到了其实每一个人的心中，都有一只善良的小精灵，她就像另一个你自己，不管遇到怎样的困难她都会与你一起分担。

生活中也是这样，只要你有去细细地观察，就会发现，在我们的生活中，处处充满了爱：爸爸妈妈无私的爱，朋友间真诚的爱，同学间友善的爱。这一个个小精灵随时随地在滋润温暖着我们的心田。

爱，它就像一张大网一样，罩住你的心灵，温暖你的心扉。只要有爱，一切都会变得温暖无比。

爱是这个世界上一个永恒的话题，只要人人都献出一点爱，世界将变成美好的人间。是啊，你需要爱，他需要爱，我也需要爱。人人都献出一点爱，那我们的生活岂不比蜜还甜呢？

书　友

柳君凯

　　深蓝色的天空，像是哪位仙人有意疏忽用墨水染透了苍穹。泼墨般的乌云笼罩着月亮的繁星，如同密密麻麻的试题，让我看不到一丝光亮。

　　我将试卷揉成一团扔进抽屉，在这枯索无味的世界里，我郁闷至极！脑海中千丝万缕的思绪让我根本无法沉溺于题海中。如缺氧的小鱼无法在知识的海洋中遨游，我把窗帘逐渐拉开，让窗外的夜色尽收在我的眼皮底下，天空依然一片混浊、漆黑。心中的烦闷似这夜色，让我不知所以。

　　一阵欢快的脚步声夹杂着寒风刮进我的房间，房间响起了一串稚嫩的童声："哥哥，可以把你的书借给我看吗？"我转过头，表弟用期盼的眼神看着我。

　　"我没空，自己一边凉快去吧！"我冷漠地拒绝了他，"小时候你陪我看书，书陪我们一起入梦，而如今你自己不看书，也不肯让我看书。"他不甘心，闪着一双扑闪的大眼恳求着。

　　我心头不禁微微一颤。

　　自己曾多久没有看书了呢？幼时，我一度枕着书香入眠，我把书不仅是当朋友更是知音啊，而如今我早已疏远了"好友"了，此时我的心底里剩下的只有惘然、只有惆怅罢了。

我从自己的世界走了出来，轻轻地抚摸着表弟乌黑发亮的短发，猛地想起了什么，毅然转身走书房，管它桌前作业如山还是试卷整面红色涂迹，去寻觅我的"好友"吧。

那本幼时喜爱的故事书已经泛黄，时光在它身上留下太多岁月的痕迹。表弟小心翼翼地翻开着那脆弱干燥的书页，像是在抚摸奇珍异宝似的。他眼神散发出对知识的渴望，那翻书时干净利落的沙沙声至今仍让我无法忘怀。我看到了现在的他，仿佛看到了当年自己的影子。

那一日，我热血亢奋重新拾起那本被我尘封的《百科全书》，指尖摩挲着书页，往日的感觉顿时充盈了全身，那是重逢旧友的喜悦与对知识的追求。熟悉的书本就在我的手中，啊！原来我的"好友"从未离我远去，只是我一度将它从我那繁杂的世界中屏蔽了吧。

重觅"好友"，静坐藤椅，左手执书，右手握杯，伴着升腾的热气，我完全沉浸在思想的浩穹中，尽情地自由徜徉。我终于听见了我的心跳声，我终于懂得了自己到底缺的是什么？书友给予了我心灵的慰藉和鼓舞，也是我自由的灵魂所停靠的港湾。

我微笑地抬起头，窗外的天空也由一片漆黑茫茫变成了深蓝，并且空中多了一轮皎月，冲破了乌云的遮掩似伊人嫣然一笑，让人心醉……

最美丽的约定

许馨怡

童年，像一片汪洋无垠的大海，在这片海里，既有快乐的笑声，也有悲伤的泪水。潮起潮落，海浪拍打礁石，冲刷走美好的时光，只留下那最美丽的约定在我的心间……

我与汉字听写有着不解之缘，从 2015年的初赛我折戟沉沙，再到去年的三等奖，今年三月份的省赛，这约定将会一直持续下去，直到永远……

记得那天是星期三，经过一轮的比拼，我们再次来到会场进行下一轮的选拔赛。

进入会场，其他选手也陆陆续续地来了，观众席上座无虚席，大家都在热烈讨论着，今天谁会进入半决赛，谁会一举夺魁？舞台中央两个大大的书写台静静地伫立着，仿佛也在说着："听写达人，快来吧！"

选手们稍作休息，比赛即将拉开帷幕。我们在充满赞许的目光和如雷般热烈的掌声中上台，大家都兴奋得手无足措。

主持人说完开场白，介绍完各队选手，激动人心的比赛即将开始！

第一关是笔画笔顺，我的队友许琦、毅正都完成得不错。只听"现在有请仙游县实验小学3号许馨怡同学上前听题"，我大步流星上台了，可惜出师不利，我竟把"赤"字第二画和第三画的顺序写反了。回到座位上，我心揪得紧紧的，手心、脊背都冒出了冷汗。接下来的成语"梓庆制鐻"闻所未闻，我呆呆地，一动不动地杵在那儿。最后是听写词语环节，我以为这次咸鱼终于要翻身了，可第一个词语又是极偏的……最后，"请听题，封妻荫子"，当我终于完整地写下这个词语的时候，不禁长舒了一口气，还好！

比赛结束，到了台下，我欲语泪先流，三分不甘，七分懊悔。

汉字听写是我人生弥足珍贵的经历，我明白了：我要像那夜色中的小小萤火虫，纵然暮色凄迷，纵然前路漫长，却坚韧自强，且有光芒，小小翅膀也有惊人的力量，乘着梦想飞向彼岸。

汉字听写让我感悟到了：一个人即使遇到狂风暴雨，也要抬起头颅，挺起脊梁，露出自信的笑容。只有在这种不倦的探索中，才能丰富自己的人生，才能得到生命的欢愉，才能屹立在金字塔的最高点！

潮起潮落，海浪拍打礁石，冲刷走童年美好的时光，然而我与汉字听写这最美丽的约定，将是永恒的……

134

阳光路上

何雯彧

父亲拉我去吃何记。

六点了，天空还是灰蒙蒙一片，电动车往前驶，一弯上弦月早已去，空余一轮明日的隐约的光，零星的三轮车开始上街吆喝。

没由地心烦，用厚重的棉衣捂住了耳。我看见父亲从后视镜瞥了我一眼，却什么也没说。

车子"嗨哼"一声上了坡，停在店门口，天空似乎亮了几分，却还是朦胧的。我进了店，父亲已在熟练地点餐。

我拉开椅子座下，父亲坐在对面。我抬了抬表，时针与分针越来越靠近，像多年未见的好友在重逢，我却巴不得时间慢点走，要迟到了呢！

敲了敲木质桌子，不时地左顾右盼，父亲却一直望着我，看着我像一只无头蝇一般不安。

"你不要怕。"他浓厚的声音传来。

我觉着好笑："怕什么？我只是担心迟到。"

父亲还是盯着我，许久才说道："女儿啊，你怕得又哪是迟到，你自己还不清楚吗？是今天早上期末考啊！"

我知道瞒不住父亲，是啊，我变得越来越不自信，对数学越来越担忧。明明窗外的太阳已升起，我却仿佛还置身严冬，感受不到一丝暖意。

我怕考试，我自己也这么想。

等了良久的服务员上菜，饭香暂且掩盖了不安。我搅着面，一口一口地吃着，听到父亲问我："好吃吗？"我吞下面，"嗯，好吃。"父亲顿了顿，说："孩子啊，我们等了这么久，吃到了可口的面，那你努力了那么久，又怎么会令你自己失望？"

是啊，我自己也在问，努力了很久却为何会害怕。喝完了汤，抹抹嘴，跟在父亲后面，一路颠簸，太阳却一路随行，我又感到了热气在身旁。

忽然就释然了，"我辈岂是蓬蒿人"的自信又回来了，我不惧风雨，哪怕风雨兼程，也一定会学会迎难而上。

我走在阳光路上，从钩叠的云层中挣出的太阳在我上方。

信念在我上方啊，我抬头，阳光撒下斑驳光影……

太阳啊，你好！

135

草莓心田

外婆的石板桥

余　栎

世界上最美的桥，是我与你走过的。

——题记

"风到这里就是粘，粘住过客的思念。雨到了这里缠成线，缠着我们流连人世间……"三月的江南愁雨绵绵，走过了那小小的石板桥，带不走外婆永恒的笑。

那一年，外婆的病情加剧。那一天，我捧着几朵与这苍白院房格格不入的鲜花去看了外婆。当我推开门的那一刻，一切都不太一样。外婆静静地躺在洁白的病床上，阳光柔和的透过树梢和窗户的间隙照在她的身上，一脸的安静，祥和。她看见我连忙起了身，对我笑着，一样温暖，像一切都没发生。她说院房里闷，我推着她去外面走走。

那天，阳光很好，被暴雨洗过的天空一片蔚蓝。我推着她缓缓地走，路上弥漫着医院的药水味。外婆紧紧地攥着我的手，看着我说，她想去家乡村口的那座石板桥上走走。她摸着我的头，满是笑容，可我却在她的眼里看到了一丝泪光。

那一年，外婆的身体一直不好，前前后后进了几次医院，在家中也只能静养。村口的石板桥也成了外婆心心念念的一切。只是身体的缘故，爸妈一直没有让她去。风吹散了落花，树叶埋了光。外婆并没有那么惧怕死亡，只是依恋着那座绵绵细雨中的石板桥。

　　小时候，外婆最喜欢的就是牵着我，去石板桥上走一走。石板桥的尽头是一望无际的油菜花。它们在阳光下肆意地生长着，空气中弥漫着淡淡的花香。外婆说，我小时候常和她一起静静坐在石桥上面沐浴暖暖的阳光，听听这潺潺流水之灵动，憧憬如诗如画般的明天……眼前的石板桥还是那么的年轻，一点也看不出岁月曾经从这里流淌过的痕迹。可是，我的外婆却已斑斑白发，垂垂老矣。念及此，我不禁潸然泪下。

　　终于，唢呐是我最不想听到的笙箫。外婆笑着离开了我们，只是她的心里还惦念着石板桥。

　　多年后，我又来到了这座石板桥，想起外婆攥着我的手，瞬间满脸泪光。

　　桥上绿树红花，桥下流水人家。

　　桥的这头是青丝，桥的那头是白发。

　　那座石板桥依然屹立在风雨之中，留给我的只是对外婆的满满的怀念……

阳 光 路 上

杨　昊

　　我是一名光荣的人民战士，我自小就向往着在阳光下翱翔，所以我成为一名人民战士，为祖国的防空献上我微弱的力量。

犹记我的第一次试飞，进入梦想千百次的驾驶舱中，皮革与汽油混合的味道让我陶醉。黑亮的柏油路反射着刺目的光芒，那是一条光辉之路。

去除枷锁，我滑行，收起起落架，从光芒万丈的路上逆光飞翔！机翼反射着光芒，我在阳光的路上奔跑！伸出双手，我想要拥抱那阳光与自由的感觉！

洞拐参肆，这是我的编号，每一次飞翔，都是我的闪耀。我也立下了不少战功。

夏日，我悠闲地躺在驾驶舱内，这也算是我作为王牌飞行员的小小特权吧，因为这是我所热爱的地方。

警报爆响，敌方的飞机公然飞过我国领空，对我方警告浑然不管，用它们飞机尾部的黑烟在我国领空上乱写乱画！

"洞拐参肆要求起飞"，我对通讯器吼道，对面仿佛愣了一下，估计也没想到我会毛遂自荐吧。

"准许起飞。"工程师飞快地维修一番，让我与几位飞行员坐入驾驶舱。

已近傍晚，血红的夕阳洒在路上，国家的尊严不容践踏，为了后来人能够在阳光下的天空留下自己的道路，我，决不退缩！

飞上了天空，我们用飞行语言警示"退出领空，否则战斗"，他们却不管不顾。我们与敌方正面交锋，敌方的机型让我瞳孔一缩，这不是常规机型！看到我们追来，敌方甩尾飞入云层，他们的机身与云层浑然一体，而且运用了远超我方的隐形技术，雷达几乎被废掉了。

激战，我身旁的飞机一个个坠落，一个个通讯戛然而止，我的弹药与汽油也几乎于零，毫无返航希望。

敌方却也只剩一架，前翼破半，副动力也被打爆，却绝对不是什么大伤。

我了然一笑，成为飞行员时早已有了准备，无法抵挡，那便——

以身殉国吧！

　　罔顾漫天的枪林弹雨，我直冲而去，近了，近了，终于看着他护目镜下的惊惧，我粲然一笑，直直地冲了上去。

　　气流飞速冲刷，好像要把我撕裂，血红的夕阳越离越远，海面上金光灿烂。落水那一瞬，我不知怎的想起了幼时在洒满阳光的田间小路上奔跑，放飞纸飞机。我，追到了我的梦想，捍卫了祖国荣耀，我，无憾！只是好想再在阳光下飞翔。闭眼，我走在儿时的阳光路上……

江南民居

王琳昕

　　江南的水乡是一个古朴幽静的地方，那里的居民，依河筑屋，傍水而居。

　　当游客走过桥后，就来到了古色古香的江南民居前。只见它门前的石阶上长满了许多杂草，门槛和石阶一样，也是石头砌成的。年代的久远使上面长满了青苔，这是常年没有人居住的结果。屋内则摆满了红木家具，桌子旁边的柜子里则摆放着许多茶具，到处落满了灰尘。

　　支撑整个房子的横梁上，则雕刻了许多精美的浮雕：有的上面刻着仙女肩上披着薄纱，手中挽着绸带，在云间与几位穿着同样的同伴嬉戏；也有的刻着几位老翁驼着背坐在石椅上，聚精会神地看着桌上下到了一半的棋局，锁眉深思；还有的则雕刻着几个孩童在树荫下玩游戏……有些浮雕已经模糊不堪了，但透过旁边其他的浮雕，不难猜测出它们的精美程度。

江南民居的构造基本上是一致的。江南的居民们为了防潮避暑，房子都具有墙高、开间大、前后门贯通、底层砖、顶层木的特点。

最后则是院子。这里有一口枯井。它的井壁上有大部分已经破损了，四周的砖缝里长着颜色深浅不一的小草，这倒是为这个荒老的古院增添了不少生机。

江南的民居的外观大多相同，它们的民居外面全部都只用褐、黑、墨绿这几种较暗的颜色，与白墙灰瓦辉映，使人眼前一亮。

江南的民居，它不似唐诗那般辉煌壮丽，它更似宋词那样婉约清扬，只觉得素雅明丽，恬静内秀。

阳光的味道

　　考试失败，失去亲人，让我一时缓不过神来，莫大的压力使我彻底崩溃。但阳光依旧闪耀，照亮了眼角落下的眼泪。沐浴了一个下午的阳光，我似乎明白了朋友的言语。为什么不放下苦闷？为什么不立足现在呢？我倏地站起身，眺望远方。此刻，我分明嗅到了异样的阳光——是振作的味道，明亮的味道，那是失败时永恒的陪伴。

寻 找 童 心

林　沁

童心是什么？童心在哪里？我不止一次地问自己。在疑问中，我去追寻童心的答案，梦想拥有童心。

我问妈妈，妈妈说，童心在儿时的游戏中。妈妈拿出一条皮筋，放在我手上。我抚摸着它，脑海中浮现妈妈小时候与朋友们玩耍的场景。她们嘴里唱着歌谣，脚绕着皮筋跳跃着，不时发出串串银铃般的笑声……那时，乡村孩童们的生活是多么无忧无虑。我找到了，童心在这里！

我问奶奶，奶奶说，童心在歌谣里。奶奶搂住我，抚抚我的头，那双大手让我回首往事的一幕幕。"摇啊摇，摇到外婆桥……"一串串歌声飘来，我仿佛看见了奶奶的怀中抱着一个婴儿，把手当作摇篮，哄那孩子睡觉。奶奶说，那个婴儿就是我。我当时清澈的明眸多么天真无邪，没有沾染一丁点世俗之气，仿佛把一切都表露出来。我找到了，童心在这里！

我问爸爸，爸爸说，童心在书中、在诗中。我翻开书，体会"儿童散学归来早，忙趁东风放纸鸢"的质朴、纯真的乡村生活；了解王蒙《青春万岁》的乐观、自豪；置身席慕蓉初相遇的甜蜜、美好中；学习泰戈尔面对生活的欺骗仍积极向上的心态。我知道了，童心藏在这里！

　　我问漫漫人生路，它说，童心就在生活的每一个小细节里，只要你善于观察，不愁找不到它！童心，也是很难得的，在人生的挫折中，不迷茫的人才配拥有；在生活的坎坷中，永远有希望的人身上才有；相信童话和风暴终会转身的人身上有……总之，童心就是"出淤泥而不染，濯清涟而不妖"，在社会的世俗中，心没有被灰暗所蒙蔽，看到的永远是光明；童心就是相信生活的美好，保持一颗纯洁的心灵！童心，其实就在你心灵深处！

　　啊！我已经找到童心了。原来，童心的真谛这么简单。我愿人人拥有童心，世间充满美好！

鱼国风波

蔡潇雨

143

　　旭日从南方海面喷薄而出，将碧波荡漾的海水染得金碧辉煌，鱼儿们在湛蓝的大海中欢快地追逐嬉戏，这里幸福地生活着一个鱼王国。

　　一天，探子飞马来报：据人类观测，特大台风近期将抵达南海，到时翻江倒海，对于鱼国将是一次毁灭性的灾难。这消息马上在鱼国炸开了，举国上下一片恐慌，鱼国王也吓得面如土色，不知所措。这时，一条灰鱼自告奋勇地进谏："我有办法让大家死里逃生，从现在开始我们不要洗澡，使身子发臭，滋生病菌，即使有一天风浪把我们卷上岸，人类自然也不敢捕捉我们。"大臣们听了，纷纷指责它纯属无稽之谈，将它赶出宫门。灰鱼伤心地离开了，但为了国家的安危，仍然努力奔走告诉渔民它的想法，可始终没有一条鱼相信它。

国王大臣也为渔民尝试着各种避难的方法。灰鱼默默地看在眼里，仍然相信自己的办法才是最正确的。

于是，灰鱼开始滚烂泥，钻水草，粘麻皮，坚持不洗澡，不出几天，身上发出一股恶臭，熏得朋友一见到它就捂着鼻子跑开。两周过后，灰鱼因为不洗澡，受到细菌侵袭，身子已经微肿发黑，又裹了几层脏黏液，滑溜溜的，连灰鱼的爸爸妈妈都不敢靠近它。

一天夜里，鱼儿们隐隐约约听到了狂风的怒吼声，不一会儿，海面上也风起云涌，掀起一层又一层的巨浪，接着电闪雷鸣，可怕的暴风雨真的来了——

鱼国一片慌乱，鱼儿四处逃窜，有的伏在水草下，有的躲在礁石中，鱼宝宝们哭成一团，国王则藏进了皇宫中最结实的地窖里，还用枕头护着头，只有灰鱼从容不迫地埋在淤泥中。"嘭"的一声巨响，狂风愤怒地挥舞着大刀，重重地向大海砍去，卷起了千丈高的浪潮，又重重地摔下来。顷刻间，天空中仿佛下了一阵鱼雨，银白色的鱼儿铺天盖地，在沙滩上闪烁着耀眼的星星点点。这次谁也难逃厄运，鱼儿们横七竖八地躺在沙滩上，奄奄一息。

第二天，台风停后，人类蜂拥似的倾巢而出，争先恐后地拾鱼，享受着自然给予的丰收。那条不洗澡的灰鱼躺在小水洼里无人问津，大家都嫌它脏臭。有个小男孩儿看它挺肥的，屏住呼吸伸手去抓，没想到灰鱼的皮肤就像涂了润滑油，怎么抓也抓不住，没过多久，小手就发红发痒了，吓得他不敢再碰了。

灰鱼眼睁睁地看着同胞们落进人类的袋子中与它永别，心痛不已！它挣扎着往大海挪，海浪终于把它带回到大海母亲的怀抱。回到海里，灰鱼救治了少数幸免于难的残兵败将，众鱼推选它为鱼国国王。

智慧的灰鱼带领着渔民重振鱼国。不久后，大海依然湛蓝，鱼丁兴旺，处处洋溢着欢声笑语，一派安宁祥和！

我们班的数学小达人

杨　淮

生活中处处都有达人，就像天空中的星星，数不胜数，我们班也有着各方面的达人。

满是雀斑的脸，大蒜一样的鼻子，刺猬头，每天总是洋溢着笑容，他就是数学小达人苏恩泽。有一次，老师给我们出了一道难题。只见，大家有的抓耳挠腮，好似一只猴子；有的屏息凝神，好像被神仙点了穴道；有的干脆放下笔，准备守株待兔。而苏恩泽左手托着下巴，好像和思想者是一个模子里刻出来的，眼里闪着睿智的光芒，大脑好似汽车的发动机，我都能听到"轰轰"的声音了。突然，他眼里射出万道金光，握紧笔，一个个龙飞凤舞的数字，犹如玲珑剔透的小精灵诞生在白如雪的纸上。他高兴地举起手，一股霸气闪电般直贯他全身。老师走过来，看了一下，说："没错。"顿时，全班四十几双眼睛，犹如聚光灯般照射在他的身上，苏恩泽脸都被烤红了，他得意扬扬地笑了，嘴都咧到了耳根子边，都能塞下一根水笔了。

考试时，他像战场上的战士，而铅笔和橡皮便是他的武器，看着写满着虫子般密密麻麻的字的试卷，我一个头两个大，差一点点就

145

阳光的味道

要翻白眼口吐白沫了，而苏恩泽却从容不迫，不假思索地填上答案。难不成他的大脑是计算机？当我们离最后一题遥遥相望时，他却一马当先，很快地做完了试卷。当分数出来时，大家更是羡慕嫉妒恨地望着他，好似在说："为什么这样的好事不轮到我的头上来呢！"苏恩泽考了一百分。那鲜红的一百分，仿佛在向我们招手，看得我们心痒痒，可见他是一个名副其实的数学小达人。

天底下没有天生的达人，只要努力付出，坚持不懈，大家都可以成为一个小达人！

脚下留神

阮怀远

"嗒，嗒，嗒……"我们迈着轻快的步伐，紧随"领头羊"队长，从四楼有序地向操场走去。

"啊，鞋带掉了！"我赶紧出列，蹲靠在墙角，一丝不苟地系着鞋带，还不时地望一望远去的队伍。可是，当我解决完"捣蛋鬼"时，队伍已经快到目的地了！

"快点儿！快点儿！要掉队了！"我快马加鞭，一步连跳三级，向楼下飞奔而去。那速度，不亚于离弦的箭，哦，不，是不亚于冲天的火箭！

眼看就要追上了，可人算不如天算，这三级连跳，让我的右脚偏偏就在这时扭伤了！"哎哟，痛死了！"顿时，一股火辣辣的感觉直窜上我的脚腕，血液仿佛也被疼得涌了出来。我只好倚靠在楼梯转角的扶手上，龇着牙，咧着嘴，痛苦地呻吟着："早知现在，何必刚才！要不是我三级连跳，急着赶上队伍，也不会……"

我强忍着痛，缓缓抬起脚，一步一步地向前挪动。此刻，我才深知什么是"步履维艰"啊！

平时不到一分钟的路程，今天却用了好几分钟。为了不让同学们担心，我坚持归队，和大家一起参加课前的热身慢跑。那双脚，在橡胶跑道上不停地交替着扭动，疼得我咬牙切齿，泪珠子冷不丁就坠下一两颗。"简直就是晴天霹雳的灾难！"我轻轻地呜咽着。只觉得右脚越跑越痛，不动则已，一动便是像一撮针一起扎下去似的钻心的痛，仿佛再跑下去，整个脚筋都会绷断。

终于，度秒如时的热身跑结束了，自由活动时间如期而至。

"哎哟，我的妈呀！这脚竟然肿得这么严重！"我躲在树荫下，凝视着小笼包大小的浮肿，不禁头涔涔而泪潸潸："唉，谁能明白我的心！"

泪与痛的教训，至今让我刻骨铭心。现在，回头想想，如果当时我后面还有人系鞋带，也像我一样，火急火燎地赶上队伍，那么，受伤的不只是我，而是更多人；受伤的程度也不只是脚崴了，而是多米诺骨牌效应似的付出生命的代价！飘忽的思绪让我再次不寒而栗。

脚下留神，注意安全，这是泪与痛给我的忠告！

独特的乡村生活

纪雯曦

东方泛起了鱼肚白，一切都雾蒙蒙的，像是给大地披上了一件白色的丝巾。村庄还在睡梦中。"喔喔喔！"我们家的雄鸡开始高叫起来。其他家的也跟着唱起了"起床曲"，整个村庄才苏醒过来。

我被公鸡吵得没法睡觉，就用枕头捂住耳朵，蒙住眼睛。天还没亮呢！到处黑乎乎。忽然，我一下子从床上弹了起来："今天外婆外公去游洋镇买菜呢！"如果在城里想睡多久就睡多久，就不用起那么早了，烦死了！我极不情愿地穿衣穿裤。吃完早餐后，我东逛逛，西串串想帮外婆干些农活。"嘎哇——"一阵嘶哑的鸭叫声传出。我巡声望去，只见鸭拼命啄食盆，可食盆里没有一丁点食物。"可以喂喂自家的鸡鸭！"我灵机一动。

说干就干，我把食盆拿到装食物的大桶旁边。舀了满满一勺食物放进食盆，如此反复动作，等到都装满后，再把它放回原来的地方，那鸭子顿时眼睛一亮，直奔食盆，鸡群们也不甘示弱，蜂拥而上，争先恐后去抢食物。

瞧！它们的吃相多有趣呀！鸡像流浪汉似的，狼吞虎咽地吃着美味佳肴；鸭像一位风度翩翩的绅士，也像一个阔老爷，大摇大摆地走向食盆，慢条斯理地咬下一大口食物，又像酒鬼似的摇摇晃晃地走到水边，喝了口清水，伸高脖子，发出"吧唧，吧唧"的声音，然后又走向食盆，再用铲子似的大嘴铲了一口饭……如此反复之后，鸡都吃饱了，鸭还在吃饭。

等到它们都吃好后，我赶紧把食盆收起来，免得让狗偷吃。鸡们浩浩荡荡地走出鸡窝。一只鸡不知从哪里搞来一条蚯蚓，"快给我！"其他的鸡从四面八方涌来，你啄我的尾巴，我抓你的羽毛。最后羽毛最鲜艳的公鸡抢到了蚯蚓，一口吞下了蚯蚓。"战争"平息后，所有公鸡都静蹲在一堆木头上，像在想着什么。但过一会儿又再为食物而发生争吵。而鸭不像鸡那么暴力，一般只安静地蹲在一起，谁都没有说话，谁都没有走动。它们都静静地蹲在角落里，一切都是那么的安静。

多么独特的乡村生活！

闲倚冷栏醉月明

陈梦婷

家中四四方方的院子里有一方小小的石头做的栅栏，静静地伫立在那一方小小的庭院。石质的栏，入手处一片令人安心的冰凉。看起来古朴、厚重。

小时候，每个"天阶夜色凉如水"的夜，我特别喜欢坐在那里数星星，看月亮。看那束皓洁的月光在树梢悄悄晕开层层银色的光泽，呆呆地望着天上痴痴地想，那是不是仙人洒下的点点泪光。

阳光的味道

后来我也在那一天天的"数星星，看月亮"中长大。我已经长大了，那方小石栏也在年复一年的风吹雨打中老旧了，它再也承受不住我的重量。每当夜晚的闲逛之余，我还是会不由自主地向那方石栏走去，倚靠其上，看着月朗星稀的夜空，想着心事。

很多时候，我只是倚着它，认真地读一首诗，一首以月为名的诗，一首千百年来无人读懂的诗。那首诗，酝酿了多少岁月，像甘甜清冽却又回味悠长的一壶酒，看着看着，便醉了，醉倒在一地月光里。

闲倚，冷栏，醉月明。

重阳礼赞

邱七一

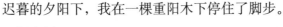

迟暮的夕阳下，我在一棵重阳木下停住了脚步。

一棵老树。

树干很粗，一个人根本抱不过来，抬头仰望，这种常见于街边桥头的树木竟也高得令人难以想象。枝条的断层处，千百万圈密密麻麻的，是饱经沧桑的历史的车轮，它在原地默默运转了一个又一个海枯石烂的岁月。

蛟龙盘尾，千枝万节。

重阳木的树形并不美，更是没什么特点，若不是树上钉着的标签，我大抵是会将其与榕树红杉混为一谈——它不如桃花心木那样笔

挺桀骜，不似崖松那般万年苍劲，它有什么值得赞美的呢？在某些人眼里的价值不过于一方一方的木材罢了！

但我要为它高歌，用拙劣无比的文采，用胸中不多的墨水和满怀的激情，也是要道出它的坚韧，赞美它的肉体，还有那高贵的灵魂！

瞧！你虬结的木干上，顶着那千百万绿叶、枝条，密不透风。纵使阳光再尖锐再炽热，也休想刺破那坚实的绿色屏障！

听！是多少里外，轰轰隆隆慌乱而未有停歇的脚步？鸟兽惊窜，人声匿迹，那如墨的黑云，凝实、沉重——它们就压到头顶上来了！

耳边啸起风的嘶鸣，疯狂、绝望。它憎恨万物，恨不得把一切都撕得粉碎——事实上，它也的确那么做了。

它撕扯着你那翠绿色的袈裟，谩骂和诅咒如锐利的风一样无孔不入，冷酷的鞭子一次次落在身上，却恍若泥牛入海，再无音讯，你宽厚一笑，像一位母亲对待她哭闹耍混的孩子一样，源于大地的慈祥，与宽容。

……

151

几时，耳畔炸响的惊雷风唤消散了，化作一缕幽光，与狼藉的万物一同匍匐在你的脚下，雨珠和玻璃碴闪烁着的，是希望。

任凭岁月流转，星辰变迁，你就在那里，不悲，不喜；万物兴衰成败，千古也只是一瞬，你就在那里，不急，不徐。

一对对恋人牵着手到树下许下那海誓山盟，一个个白发染鬓的老者，将曾经的甜言蜜语连同日记埋在树下，把日益腐朽的自己，也埋在树下。

几千年了，你是否曾在高处，远远眺望到戚字军旗？你是否千载翠绿，只为了给寒窗莘莘学子一个永不动摇的荫庇？

与君初相识，还似旧人归。

站在树下，用稚嫩的手指轻轻抚过粗糙的树皮，恍若多少年前有一个年逾古稀的自己，捧起旧友苍老的脸庞。我总觉得，它和我心灵相通，接触的一刹那，脑间闪过的是亘古岁月的记忆。听：那簌簌的低鸣，是膝上横琴的旋律；看，它弯下了腰把手交在我掌内，紧紧相扣。

我愿化作朽叶五百年，当有人从我身旁经过，或用脚掌碾过我的身躯，或者抬头仰望。倘若你听到嗡嗡的独奏，请不要怀疑，那是我对重阳木最高的颂礼！

纹是夕阳痕

陆果果

晚冬的夜总是来得很快，但不迅猛，只是慢慢让天空红了脸，柔柔地潜藏着墨色。

总是特别刚好，归家的时候就撞上这洒了一地的暮光。

沿桥慢步着，看着身旁巧笑嫣然的朋友，顺目望去，她身后那一条阔河，泛着碧金的波光，正温柔地淌着。我总会忍不住驻望一会儿，朋友也靠着扶栏开始享受暖风轻拂。也只有这时，从北边而来的冷意才会褪减。

河岸边两三只白鹭悠闲地踱着步，余晖把它们的温顺洁白的轻羽染上一片金红。一旁的荒草地上疯狂地往石子路蔓延的杂乱，全部被斜下的阳牵引着向西卧倒。

这么美，竟由不得别人移开视线！

朋友说："我最喜欢每一天太阳在垂暮的时候那种昏黄的光，茸茸的，总让我感觉到亲切。"她伸出手，手背上晕出的光圈扩散出淡淡的金光。我静静地站着，已变得绯红的霞渐渐靠拢，把蓝灰的天空盖了个严严实实。

恍然间，又想起我的奶奶——一个安然的老人。和绝大部分老人一样，一生操劳。到了晚年还是放不下她的肥田、她的鸡鸭、她的活计。每次碰到有喜事回去，最忙的总是她。就算是一些零丁杂碎的事儿，她也都要亲手为我们妥妥帖帖地办好。大家都说她傻，她听了也只是笑笑，转眼又兴冲冲地举着一件毛衣向别人炫耀："这是我给孙女织的，准备给她当过年衣服呢！"她全然忘了，现在已经不兴这种款式的衣服了。

天边的流云锦缎被绣进了几根黑丝。我低头看看外套里头穿着的过时毛衣，鼻腔里莫名有些酸涩。

远山有些暗了，芳草依稀露着点头，白鹭开始往河里慢渡。大片的乌云慢慢侵蚀着最后的光彩，快消失殆尽的残霞挣扎着要奉献全部的温暖。水面上漾起一两条水纹，晃动着慈祥的暖光，就像奶奶脸上含笑的鱼尾纹……

153

爱在拐角处

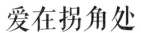

蔡黎诗

天桥上的行人不多，少的时候三两个人走过，高峰期时也不过十多个。天桥的东拐角是一位三十来岁的男子和他的书摊儿，他的书很时尚；西拐角是一位五六十岁的阿婆和她的点心摊儿，她做的桃形点心很有风味。

年轻人喜欢的是男子摊上的时尚书籍，小孩子们则钟情于阿婆的美味点心。每天必经过天桥的我，已经习惯了在西拐角处买几块点心，在东拐角一边吃一边看书。 卖点心的阿婆很慈祥，她总是在为我装好足够的点心后，再从旁边口袋里抓些糖块，然后微笑着递给我。我说："阿婆，您可真勤快啊。"她笑着望着桥那边的男子，意味深长地说："这人啊，要是上了年纪，是不愿出来干这些的……"望着她爱怜的眼睛，我若有所思："您可以让您的儿子养着您嘛。"她微笑，却不再作声。 我吃着点心看着书。卖书的男子从来不看书，他总是戴着一副大墨镜，靠在桥栏上，将收音机放在耳边静静地听。某次，我开玩笑似地说："您带着大墨镜，样子真酷。"他憨憨地笑着，说我是个傻丫头。我笑一笑，不辩驳，埋下头，继续看我的书。我送给他点心吃，说是对面的阿婆卖的。他谢谢我，说他在家中常闻到这种香味。 傍晚的时候，总是男子先开始收摊儿，阿婆才开始收摊儿。早上，总是看到男子刚到，阿婆便也到了。这是我长期以来观察注意到的。 一次，我边吃点心边问："阿婆，您有几个孩子？"她微笑着，说："嗻，对面卖书的是我唯一的儿子。"当我惊讶地抬起头时，阿婆正微笑着望着桥那边，缓缓地说："他说要自食其力，可我放心不下他闭着眼睛走路呀。这不，他摆书摊儿，我便也在这边做点心陪着他。"声音很平静，但却给我一种很温馨的感觉。于是，我走过去，对男子说："您一定有一个很爱您的母亲吧？"男子放下手中的收音机，侧过身子悄悄地说："这次你很聪明。"他顿了一下，然后朝着对面的方向"望"了"望"："你知道吗，对面卖点心的就是我母亲，我一直知道她在陪我。"我惊讶极了，原来男子早就知道对面卖点心的便是深爱着他的母亲。 飘香的点心，时尚的书，自强的儿子，慈爱的母亲，在天桥的东西拐角处形成一道亮丽的风景。爱，充盈于其间，弥漫着两个拐角处。

超人老爸

林毅正

　　爸爸在我眼里就是一位超人，一位排除故障的超人。不信，请听我细细道来：

　　我有一架美致牌遥控汽车，两轮驱动，是姑姑送给我的新年礼物。最近，这辆车似乎生病了，不愿意跑了，不管我怎么充电，怎么按开关，几乎使尽了十八般武艺，但它除了发出轰隆隆的引擎启动声外，就是趴在地板上，呆呆的，一动也不动。

　　周末，爸爸回来了。我心中大喜，因为爸爸是部队的高级工程师，被他们领导称为"特设一把刀"，修直升机都是高手，这小小的遥控汽车更是小菜一碟了。

　　我帮爸爸取来万能工具箱。爸爸从箱里取出一把十字螺丝刀，将车子倒过来，只见他手持十字螺丝刀，将车子底座上的一个个螺丝旋松，倒出，掰下底座，车身里面露出纵横交错的线路。爸爸开始仔细检测是哪·个线路出了问题。没有任何仪器，爸爸只能凭着多年的技术经验来检测、排查。

　　爸爸一会儿用螺丝刀敲一敲，一会儿又用手指捏一捏某一个线路，弄下了许多粉末。过了不久，爸爸便找到了故障的原因，原来是传感器的一条线路短路了。爸爸拿出老虎钳将故障线路剪断，又重新连接，再把底座安上，将螺丝拧好。我把车子放到地上，一按遥控器，哈哈，车子又运行自如了。

不只是帮我修玩具汽车，家里的任何东西出了故障，经过爸爸那神奇的大手摸一摸，修一修，故障很快就解决了。

我敬佩我的爸爸，因为他是我们家的排故障超人！

换 爸 爸

林天乐

"乐乐，不许再玩电脑游戏了！""乐乐，快去洗漱。""乐乐，快点上床睡觉！"老爸的催促声一遍遍在耳边回荡……

"烦不烦呀，知道了！知道了！"我气呼呼地关掉电脑，跑回自己的卧室。躺在床上，呆呆地望着天花板，不一会儿便睡着了。

迷迷糊糊中，我骑上自行车，在街上漫无目的地闲逛。突然，眼前一亮，一幢别具一格的建筑物挡住了我的视线。崭新的招牌上写着"爸爸交换体验店"。

"换爸爸，太棒了，这么烦这么啰唆的爸爸，我要把他换掉。"这么想着，我不由自主地走进店里："老板，可以帮我换一个不烦人的老爸吗？"严经理和蔼地说："这里刚好有一位歌星老爸，行不？""太好了，我最喜欢唱歌了！"我爽快地答道。

我把老爸押到店里，换回了这个歌星老爸。新换的老爸什么歌都会唱，在全球乐坛上颇负盛名，号称"乐坛超人"。从此，我家周围整天聚集着一大帮歌迷。一开家门，老爸就会被激动的歌迷们簇拥着签名，无法脱身。一条长长的队伍，似龙蛇一般，望不到尽头。天哪！那么多人，简直无法想象。再加上老爸每天不是排练就是演出，在不同的地方来回奔波，根本没有一点时间来陪我，我在家别说有多么孤独了。哎！不行，我得再换个老爸。

我又一次骑车来到"爸爸交换体验店"。"严经理，我要换个可以天天陪我玩的老爸！"

这次换来的老爸精通各种游戏，简直是"游戏超人"。这个老爸天天陪着我，我们两个沉迷在游戏的世界里，无法自拔。老爸玩游戏可以不吃不喝，我可挨不住了。肚子向我发起抗议，咕噜咕噜地叫着。"老爸，我肚子好饿啊！"我可怜巴巴地向老爸讨饭吃。但老爸依然忙着升级游戏装备，无动于衷。这样下去不是个办法，我整个人都要"罢工"了。再换老爸！

最后一次，最后一次！我有气无力地来到了严经理面前，"我要换个老爸，每天都能给我做好吃的。"

这次，我家来了个"厨房超人"，做得一手名菜。有了他，我顿顿吃香的、喝辣的，特级肥牛、黄金脆脆虾、水煮活鱼等名牌大餐，数不胜数，应有尽有。这段时间，我吃得特香，长得特壮。

快开学了，我猛地想起寒假作业一个字都还没做，便一头扎进了作业堆里，奋笔疾书。"老爸，这道题咋做呀？"我皱着眉头，咬着笔杆叫道。"额，抱歉！儿子，爸除了做饭啥也不会。"

哇-哇-哇，我崩溃至极。这换来的老爸一个没空陪儿子，一个不管我起居，一个不会陪我学习，还是自己的老爸最可靠。

我狂奔到体验店想换回老爸时，却发现自己的老爸被换走了……

"乐乐，快起床，快起床！……"睁开眼，老爸的身影映入眼帘。真庆幸自己的老爸还在身边，会陪我玩、会陪我学习、会关心我…甚至管教我，也没有那么讨厌了。我一把抱住他，"吧唧，吧唧"在爸爸脸上狠狠地亲上两口……

我想握握你的手

何丽轩

庭院里，充满着午后阳光的味道，斑驳的树影不均匀地洒在土地上，你带着刚记事的我在小院里晒太阳。我摇摇晃晃地扑向你，你穿着蓝色的棉布长裙，一把抱住胖嘟嘟的我。你变戏法似的端出一盘葡萄，剥了皮儿，送进我嘴里。我却调皮地一把抓住了你的手把玩起来。我只觉得那是我见过的最漂亮的一双手了，莹白，柔软，香香的。我一把握住你的大手，把你逗得咯咯笑。

马路上，充斥着汽车火急火燎的喇叭声，红绿灯交换闪烁着，我紧紧握着你的手，生怕一放开你就丢了。"过马路要记得牵我的手喔，这样就安全啦！"你总是主动牵着我的手，走过一条又一条车水马龙的路。小手拉大手，始终是我记忆里最醒目的风景线。

什么时候，你的眼角出现了鱼尾纹。乌黑如瀑的青丝里平添了几丝白发，手上的皮肤也开始松弛。你，老了。

六年级开始，我不愿让你再握着我的手过马路，不愿再和你的大手做游戏。我在怕什么？在怕别人的嘲笑，嘲笑我的幼稚。

终于有一天，你吃过午饭累得趴在桌上睡着了。我拉起你的手，首先感受到的是那硬硬的茧，肤色也变成了黄褐色，切菜时留下的伤口是那么醒目……我轻轻放进我的手，像曾经你的紧握一样，轻轻地握住了你的手。

你被我惊醒了，尴尬地缩回手："有什么好看的，都老了。"我一把捉住，自顾自地说："老了也好看，还能帮我做事情呢。"你笑着看了我一眼："没正经！"

我想握握你的手，纵使不再柔软，却依旧温暖。我想握握你的手，从来都不是说着玩的。

原来，成功并不遥远

陈祎婷

抛开了黯淡，停留的是心头那一份肆意挥洒的热情。渴望成功，伴随那不羁的背后，苦心孤诣。停歇下来吧，朋友，你会发觉，成功，其实并不遥远。

看多了那峰回路转、激动人心的故事，经历了那狂妄不羁、懵懂无知的稚嫩年华。周而复始，身边的一切似乎随着时光的转瞬即逝，开始变得渺小，黯淡无光抑或荡然无存……而这岁月冲刷过的年轮却恰恰是心中成功殿堂的厚实的根基。

有时候，独自一人徘徊在树荫下，偶发奇想：成功到底是怎样的令人憧憬？每个人都渴望撷取它，来点缀人生，渲染辉煌。成功难能可贵，但成功，难道是唾手可得，抑或是可望而不可即？看绮丽的繁花在蔚蓝天空下尽情绽放，树叶悄无声息，纷纷飘落，它逝去了本有的绿意蓬勃的青春，散落在大地的土壤下。花团锦簇固然美丽，但有着叶儿那"化作春泥更护花"的别样使命，何尝不是树叶生命中一道亮丽的风景线，又何尝不是人人梦寐以求的成功？原来，成功不是那么遥远。

　　每当我的作业出现鲜红的痕迹；每当我在人生岔路一筹莫展，举棋不定时；每当我心入冰点，百感交集时；每当我疲惫不堪、通宵达旦时；每当我犯下过错时……心理难免涌动着难言的苦涩，它们也曾使我病入膏肓，像日薄西山的晚年老树，哀号着，无奈着，反抗着。但是，尽管有那人生中种种岔路和泥沼，却历练了我的内心，学会了直面惨淡，正视一切，坚定不移地把心灵之舟驶向了成功的彼岸。因为经历了惊涛骇浪，反而便捷了到达胜利彼岸。

　　成功，它离我们并不远。原来花儿的成功在于它的绚丽多姿，叶儿的成功在于我默默无私奉献和那顽强不屈。而我的成功不是像花儿那样美丽，草儿那样韧劲，我只是一个懵懂无知的少女，在风雨中渐渐蜕变，去辨明人生的岔路，去迎接那一次次成功的喜悦。

　　我再步入那片树荫，花儿真绚丽，叶儿早已漫山遍野，在大地上形成了一番赏心悦目的景色。倏地，一股暖流淌入心尖。我终于明白了：只要那心头始终拥有顽强，拼搏，不屈——成功，就不会遥远。

160

小小的灯火

陈鑫莹

我肩背落霞，一路疲惫，一路渴盼，奔向那温暖的灯火。

——题记

有多久没和父亲这样散步了？若不是在外面受了委屈，恐怕怎么也想不到找父亲寻求慰藉吧。我望着父亲灯下的背影，惭愧地想到。

微风徐徐，拂过公园两旁葱郁挺拔的白杨和苍老遒劲的古松。那被树木掩盖的朦胧灯光映衬的父亲孤寂的背影，我愈发觉得愧对父亲。父亲已经不再年轻了，佝偻的背影，微微发福的肚子，以及那微风再也无法抚不平的脸上的道道深沟，都显示着从前那个健壮挺拔的父亲已不复存在。岁月无情的在父亲的身上留下痕迹，猝不及防间，父亲老了。

"闺女，"父亲突然转过头，微笑着，轻声细语道："我很高兴你有委屈能和我说，真的。你要相信，不管是现在还是将来，不管你身在何处，我和你母亲永远都会在你身后，做你最坚强的后盾。我们永远都会像灯火一样，在家中为你点亮。"是啊，怕什么呢？一切不都还有父亲在吗？我站在父亲身旁，泪眼婆娑地望着父亲，此时父亲的身影就像是眼前的小小的一盏灯，温暖安详，指引我向着未来坚定前行。

我轻握父亲的手，就像父亲以前也握着我小小的手一样，一起沿着小径走下去。是的，他已经不再年轻，可他还是会像以前一样神采飞扬地凝神望着我；会像以前一样和蔼可亲的冲我微笑；会像以前一样柔声细语地对我说话，会像以前一样以一盏灯的姿态牵挂着我。

从那以后，我便恢复了每日与父亲散步的习惯。走过那条小路时，我会想：那挺拔葱郁的白杨就是我，而那苍老遒劲的古松便是父亲，它们的枝干相互依偎着，就像我和父亲的手，在灯光的见证下，永不分离。

父亲的恩情，就像是泛黄时光里的麻油灯，永远为我点亮。我暗暗立誓：从今以后，灯火，父亲，我，就是一个整体。不离，不弃！

留点遗憾给自己

张晨星

那日，北风刺骨，在冰冷的寒夜里，你我依依惜别。那刻，薄雾浓云，在破碎的心情里，你已不在。那夜，彻夜难眠，在清冷的夜空下，独自无言哽咽。心变得憔悴，夜变得漫长，世界越发凄暗。

那年冬天悄然而至，寒意也姗姗来迟。在白雪皑皑的世界里，你探进雪里。在银装素裹的大地上，满是你的印记。你总爱粘着我，巴头巴脑地跟着我，像甩不掉的黏皮糖。时而回眸，你的双眼总是充满期待。

那一夜，你像遗落的玩具，游走在街头。被上帝遗忘的你，一个人躲在街角里。你那孤独的背影，不由让人心生怜悯。我许诺过你，给你依靠的臂膀，带你去霓虹灯的人群里。或许孤单是一个人的狂欢，狂欢是一群人的孤单，但我不愿望着你那双充满孤独的眼。

那一双眼，射出了灼热的光，刺伤了我的心。回忆在你的心里犹如斑驳的树影，在夕阳落山之后，被你的痛销碎，你的眼神里满是失望。

那时，我还小，决定不了什么，所以我只能被动。你的去留我无权发言，等待我的只有结果。我后悔，后悔当初不该怜悯，不该在你无助的时候给了你希望后，再一次狠狠地丢弃你。怜悯的越深，爱的就越多，就越惭愧。

那刻，如果回到那个地点，我会选择留点遗憾给自己，至少你可以在一个幸福的世界里度过你的余生。没有我，也会有其他的我，有其他能够爱你，给你臂膀，不抛弃你的比我更好的人。可是时光不能倒流，如果有下辈子，我不会辜负你。

"凝视着你的背影，就快要接近透明，哭不出来的声音，把你困在原地……如果在你明亮的世界里面我只是阴影，如果在你的嘴角眉间装满了风雨"，就像这个歌词一样，我不愿让你就此痛苦。

愿做一场深眠许久的梦，那时你的嘴角溢满笑容，可是狗狗，你再也回不来了。

如果在你明亮的世界里面我只是阴影，如果我给你留下了痛苦，我愿多留点遗憾给自己，换你余生幸福。

过　客

林锦烨

在人生的漫漫长途中，曾经有那么一个人，让我的旅途不再灰暗无趣，给我的世界抹上一道亮丽的色彩。

少时的我总是一个人在座位上，默默地写着作业，周围的欢笑吵闹仿佛把我隔绝在另一个空间里。可你，一个平凡的不能再平凡的女孩儿，就这样闯进了我的视线。

那一天，我一如往常的在座位上看书。"请问，你有纸笔吗？"

阳光的味道

你眨巴着眼睛向我问道，我被这突如其来的一句话弄得手足无措，在书包里摸索了半天才摸出纸笔，而你静静地在一旁等着我。你接过纸笔，靠近我用那双澄澈的眼睛看着我："其实你人挺好的，为什么不说话呢？"你的眼睛好像会说话似的，看得我浑身不自在，支支吾吾半天也不知道该说什么。这时上课铃响了，你从口袋中拿出一颗糖："谢谢你！"就跑回了座位。我看着这颗糖，心中一股暖流涌出。

此后，我和你越走越近，也成了形影不离的朋友。我们一起在操场上挥洒过汗水，留下过欢笑，也在彼此难过时陪伴着彼此。我与你相处了短短一段时间，这段时间无比快乐。可你却要离开了。

在分离时，夕阳落下最后一笔色彩，而你终于转头离开，我望着你的背影一点一点地消失在暮色里，心中涌上一种不可名状的情绪。也许最后我们会渐渐忘却彼此；也许哪一天在哪里遇见我们也互不相识，擦肩而过；也许，我们成为对方生命里的过客。可那段时间在我原本黯然的心中留下了亮丽的色彩，让我原本灰暗无趣的旅途变得不再是那样一成不变，曾经的那个我也不会再出现。

164

谢谢你。

有这样一种声音

吴奕龙

有这样一种声音，它能传递无边的喜悦；有这样一种声音，它更多地用来传递苦与痛；有这样一种声音，人们称之为——哭声。

余光中有一首诗，题为《母难日》，里面这几句写得很好：

我最忘情的哭声有两次

一次，在我生命的开始

一次，在你生命的告终

第一次，我不会记得，是听你说的

第二次，你不会晓得，我说也没用

母亲是个多愁善感的人，看个电视剧都能看个一把鼻涕一把泪，好像眼泪怎么也流不完。

记得是四年级刚开学没几天，冬寒未退。父亲出差，晚上我们吃完晚饭，电话铃声刺耳地响了。母亲神情紧张地去接，好像预示着有什么事情要发生似的，过了一会儿，母亲放下电话，在我面前坐下，没什么表情，难熬的死寂。

终于，母亲开口了："外公没了。"声音不重也不轻，刚好能让我听见。随后，她便转身进了屋，轻轻关上房门。天还很冷，不知方向的风"呜呜咽咽"地从房门缝里钻出来，像哭声，嗯，像哭声。

第二天，我们便赶往外公家，后湖的一个小山庄。

望着窗外飞速后退的高速路，车窗关得很紧。但或许是因为父亲开得太快，空气中传来嘤嘤声包围了我，就在这嘤嘤声中，我轻轻地在母亲的身边放了一盒纸巾。母亲却保持着一早的神态，红肿着双眼，不笑，不哭，也不说话，面如死水。我细细地听，这嘤嘤声来自何方？或许是血液流过心脏里的什么地方发出来的吧。

三个小时后，到了外公家，很吵闹，很嘈杂，但我却能清晰地听见母亲和外公诉说着，半句一断，半句一断。我清楚地听见了这半句与半句之间的湿润……一连几天，我都沉浸在这湿润的声音里，透不过气来。

突然有一晚，母亲走向我，轻轻地抱住了我："这四十多年，我很好，很好……"我被抱着，静静不动，或许，这不是对我说的吧。

　　有这样一种声音，传递了苦与痛，而人们却选择承受，只为往后的某一天，让它来传递喜悦。

　　《母难日》里还有几句是这样的：

　　　　但两次哭声的中间啊

　　　　有无穷无尽的笑啊

　　　　一遍一遍又一遍

　　　　回荡了整整三十年

　　　　你都晓得，我都记得

166